Monika Gorbahn / Gabriele Jäger

Unterrichtsstunden: Deutsch für das 2. Schuljahr

Teil: Weiterführendes Lesen / Weiterführendes Schreiben / Rechtschreiben

Praxiserprobte Stundenbilder
mit 31 Kopiervorlagen

Oldenbourg

PRÖGEL PRAXIS: UNTERRICHTSMATERIAL 5

© 1991 R. Oldenbourg Verlag GmbH, München

Das Werk und seine Teile sind urheberrechtlich geschützt. Jede Verwertung in anderen als den gesetzlich zugelassenen Fällen bedarf deshalb der vorherigen schriftlichen Einwilligung des Verlages.

3. Auflage 1994

Herstellung: Fredi Grosser
Illustrationen: Wolfgang Freitag, Ahrensburg
Umschlagkonzeption: Mendell & Oberer, München
Satz, Druck und Bindung: Schneider Druck GmbH, Rothenburg ob der Tauber

ISBN 3-486-**98611**-2

Inhaltsverzeichnis

Teil: Weiterführendes Lesen/Weiterführendes Schreiben/Rechtschreiben

Weiterführendes Lesen

Wir machen Abc-Gedichte	5
Schneemann, Schneemann, braver Mann	7
Die vergeßlichen Räuber	10
Aus Glas	12
Der Ball	13

Weiterführendes Schreiben

Die Schriftbreite	15
Wir schreiben Buchstaben mit einer Welle	17
Wir schreiben Buchstabenverbindungen mit r	19
Wir unterscheiden M/m und N/n	21
Wir unterscheiden U/u und V/v	23

Rechtschreiben

Ich schreibe richtig ab	25
Ich übe Lernwörter mit einem Partner	27
Wir suchen Wörter im Wörterbuch	30
Die häufigsten Wörter unserer Sprache	32
Nicht alle Buchstaben sind auch zu hören	35
Kurze und lange Selbstlaute	37
Wir trennen Wörter mit Doppelmitlauten	39
Die Groß- und Kleinschreibung von Wörtern	41
Die Einzahl-Mehrzahl-Maschine	43
Die Verkleinerungsmaschine (Arbeitsblatt)	45
Wir setzen Namenwörter zusammen	46
Wir planen ein Fest (Tunwörter verändern sich)	49
Wir suchen viele Tunwörter	51
Wir üben mit Wiewörtern	54
Wir üben Wörter mit V	56
Tom und Doris suchen Wörter (Wörter mit D/d und T/t)	58
Der kleine Roboter (Wörter mit G/g und K/k)	60
Petra schreibt einen Brief (Wörter mit B/b und P/p)	62
Sp/sp und St/st am Wortanfang	65
Wir vergleichen ihm/im und ihn/in	67

Teil: Nachschriften/Sprachbetrachtung/Mündlicher und schriftlicher Sprachgebrauch

Nachschriften

Der Igel (Üben einer Nachschrift)	5
Advent (Üben einer Nachschrift in differenzierter Gruppenarbeit)	7
Die Zeit vergeht schnell (Einführung einer Nachschrift)	11
Ein Haustier (Üben einer Nachschrift)	13
Kennst du die Märchen? (Einführung einer Nachschrift)	15
Textvorschläge für weitere Nachschriften	17

Sprachbetrachtung

Wir lernen das Abc	18
Wir üben das Abc	19
Das Selbstlautmonster und das dicke Mitlautmonster	21
Zaubereien mit Selbstlauten und Mitlauten	23
Wir üben mit Namenwörtern	25
Wir lernen Tunwörter kennen	27
Wir üben mit Tunwörtern	29
Wie ist das Ding in meiner Hand? (Einführung der Wiewörter)	31
Gegensatzpaare beim Wiewort	33
Lustige Tiere (Silbentrennung)	35
Abzählverse: Wir trennen Wörter in Silben	38
Spiel und Streit: Wir lernen Erzählsätze kennen	40
Ein Unfall: Wir lernen Fragesätze kennen	42
In der Schule: Wir lernen Aufforderungssätze kennen	44
Das Wortfeld „fahren"	47

Mündlicher und schriftlicher Sprachgebrauch

Der Hund und die Wurst (Bildergeschichte)	49
Das schwarze Schaf (Bildergeschichte)	52
Das schwarze Schaf (Lied zur Geschichte)	56
Der Vogel und der Maler (Bildergeschichte)	57
Auch Kinder haben Rechte	59

Vorwort

Die praxiserprobten Stundenbilder mit den zugehörigen Kopiervorlagen für Arbeitsblätter dienen zur Anregung und Erleichterung für I h r e n Unterricht. Natürlich müssen sie der jeweiligen Klassensituation angepaßt werden. Für Dienstanfänger oder Kollegen, die zum erstenmal in dieser Klassenstufe arbeiten, können die genau ausgeführten Schüler- und Lehreraktivitäten eine Hilfe sein. Auch die benötigten Arbeitsmaterialien wie Folienbilder, Spielvorlagen sowie Wort- und Buchstabenkarten für Partner- und Gruppenarbeit sind als Kopiervorlagen abgebildet.

Die Stundenbilder und Kopiervorlagen sind unabhängig von verwendeten Lehrbüchern und Arbeitsheften. Sie sind im vorliegenden Buch durchweg zeitlich und nach steigendem Schwierigkeitsgrad geordnet. Sofern nicht anders angegeben, können die Stunden in 45 Minuten-Einheiten durchgeführt werden.

Nicht nur in den Deutschstunden soll von den Kindern viel gesprochen werden. Denn dadurch kann ihnen ein vielfältiger, sicherer und freudiger Umgang mit Sprache ermöglicht werden. Zu ergänzen sind die vielfältigen Sprechanlässe durch häufiges Vorlesen und Erzählen.

Beim Rechtschreiben wird vom Grundwortschatz ausgegangen, der in den meisten Bundesländern verpflichtend ist. Die mit * gekennzeichneten Wörter sind nicht im Grundwortschatz enthalten. Es wird bewußt darauf verzichtet, die Übung und Sicherung aller Lernwörter lediglich auf Nachschriften und Diktaten aufzubauen. Vielmehr sollen die Kinder gezielt mit dem Grundwortschatz üben. Sie lernen dadurch die rechtschriftlichen Besonderheiten unserer Sprache kennen und durch abwechslungsreiche Übungsformen beherrschen. Mit dem Rechtschreibteil wird der *gesamte Grundwortschatz* abgedeckt. Alle Nachschriften zum Rechtschreibteil befinden sich im Teil: Nachschriften / Sprachbetrachtung / Mündlicher und schriftlicher Sprachgebrauch. Auch die Übungen zur Sprachbetrachtung, sowie zum mündlichen und schriftlichen Sprachgebrauch schließen sich dort an. (Best.-Nr. ISBN 3-486-98626-0)

Die Figuren Paulchen und Paulinchen Schlau dienen als Motivation. Die Kinder können sich bei der Arbeit mit den kleinen Detektiven identifizieren. Die beiden Figuren unterstützen den *Erwerb von grundlegenden Arbeitstechniken* wie genaues Hinhören und Hinsehen sowie das Untersuchen von Sprachsituationen. Die kleinen Symbolbilder bei den Arbeitsaufträgen geben den Kindern Aufschluß über den Schwerpunkt der Aufgabe und fördern damit das selbständige Arbeiten der Kinder. Die Figuren tauchen aber nicht in allen Stunden oder Arbeitsvorlagen auf, da der Gestaltungsgedanke sie nicht immer benötigt.

Monika Gorbahn
Gabriele Jäger

Zeichenerklärung zu den Arbeitsblättern

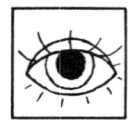 genau hinsehen

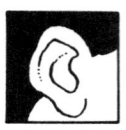 genau hinhören

 scharf nachdenken

 den Stift nehmen

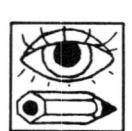 genau hinsehen, Stift nehmen

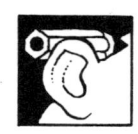 genau hinhören, Stift nehmen

 scharf nachdenken, Stift nehmen

 auf der Lauer liegen und suchen

Wir machen Abc-Gedichte

Lernziele: Flüssiges Lesen; Auffinden von Reimen; Erfinden von Reimen
Materialien: Tafel, Schreibblock, Arbeitsblatt Kopiervorlage 1
Voraussetzung: Kenntnis des Alphabets

Unterrichtsverlauf

1. Einstimmung

Wir singen das Abc-Lied (siehe S. 18/Teil 2)

2. Begegnung

Zielangabe: Mit den Buchstaben des Abc kann man gut dichten. Wir wollen solche Gedichte kennenlernen und dann selber Dichter sein.
Lehrervortrag:

> A b c d e, alle lutschen Schnee;
> f g h i j, dann schlecken sie Kompott;
> k l m n o p, der Bauch tut ihnen weh;
> q r s t u, sie legen sich zur Ruh';
> v w x y z, und schnarchen um die Wett'.

Unterrichtsgespräch darüber, wie man solche Gedichte erfinden kann.
Auftrag: Versuche selbst, solche Reimzeilen auf eine Reihe von Buchstaben zu finden!
Beispiele als *Tafelanschrift:*
A b c d e, die Katze liegt im Schnee.
E f g h, ich bin schon da...

3. Lesephase

Die Kinder erhalten das *Arbeitsblatt*.
Aufgabe ❶: Die Kinder lesen die Verse vor.
Übung am Text
Aufträge:
– Lies das A- (J, L...) Gedicht vor!
– Lies das Gedicht mit der Maus!
– Lies die zwei Reimwörter beim... Gedicht vor!
– Lies deinem Partner eine Zeile vor, er sucht und liest die Reimzeile dazu!
Einzelarbeit
Auftrag: Unterstreiche in jedem Gedicht die zwei Reimwörter!

4. Eigenes Reimen mit Buchstaben

Auftrag: Schau die Aufgabe ❷ auf deinem Arbeitsblatt an! Ob du auch schon solch ein Buchstabengedicht machen kannst?
Der Lehrer gibt gegebenenfalls ein Muster vor:
F ist mein Fisch, er liegt auf dem...
→ Die Kinder finden gemeinsam zu den Bildern passende Zweizeiler.

5. Anwendung in Einzel- oder Partnerarbeit

Auftrag: Nun bist du der Dichter. Suche dir selbst Buchstaben aus und schreibe auf deinen Block solch lustige Reime! Gelungene Reime wollen wir später vorlesen und an der Tafel aufhängen.

*(Text und Bilder auf dem Arbeitsblatt: Huber, Anton/Lackmaier, Maria in: Lesespaß 2. Braunschweig 1982 S. 10/11
Abc-Gedicht aus: Deutsch-Buch für Kinder 2. Frankfurt, S. 8)*

Selbst erfunden – selbst gereimt

❶

A heißt meine Antenne,
darauf hockt eine Henne.

B heißt mein Bär,
der wackelt hin und her.

C heißt mein Hund Cäsar,
er bellt auch im Frühjahr.

D heißt mein Daumen,
er schüttelt die Pflaumen.

E heißt mein Ei,
es bricht schnell entzwei.

H heißt meine Hexe,
sie macht Tintenkleckse.

J heißt meine Freundin Jette,
sie spielt Klarinette.

L heißt meine Laus,
sie ärgert die Maus.

M heißt mein Mond,
der am Himmel wohnt.

N heißt meine Nuß,
sie plumpst in den Fluß.

F G I O P Q R S T U V W X Y Z

❷

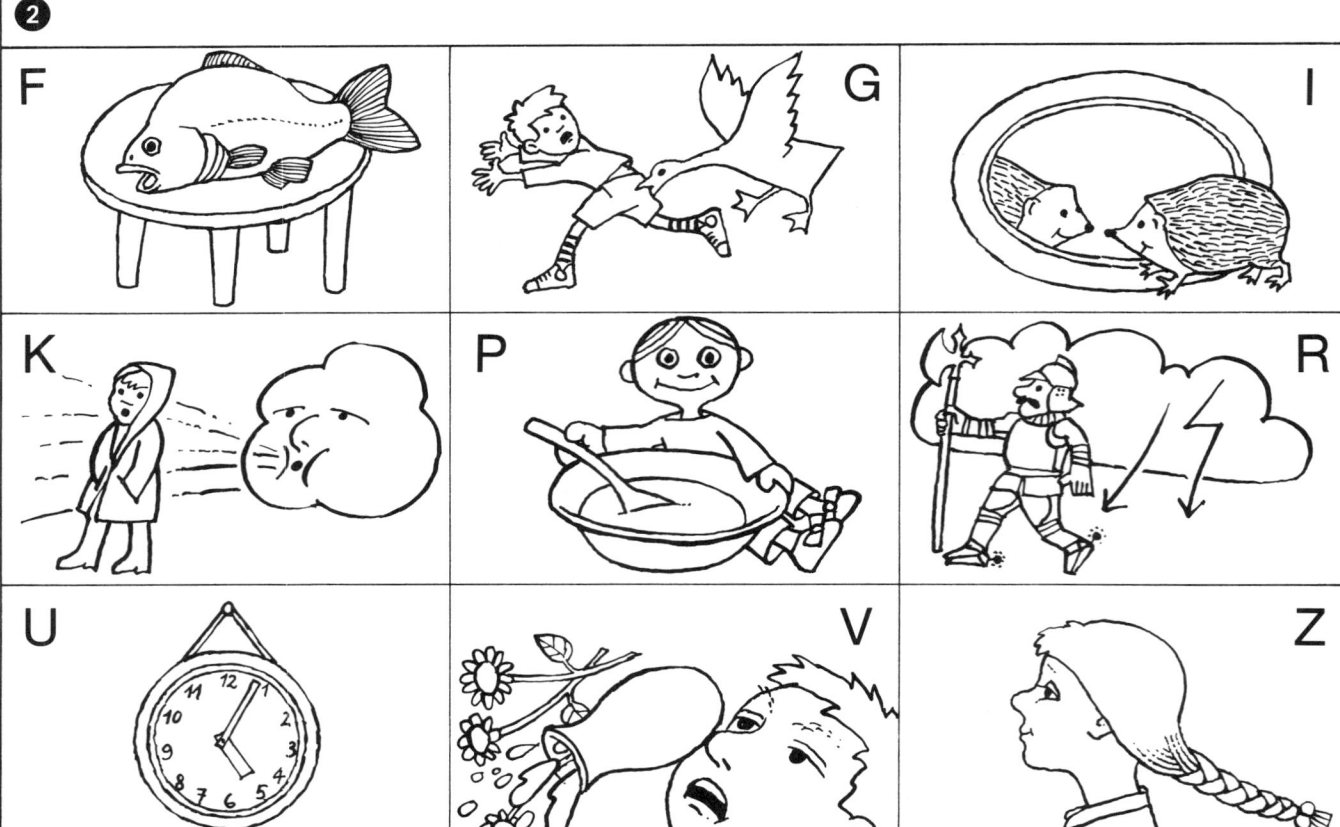

Schneemann, Schneemann, braver Mann

Lernziele: Steigerung der Lesefertigkeit und der Lesefreude;
flüssiges Vorlesen; Nacherzählen; Vermuten; Sinnentnahme; szenisches Darstellen;
Beantworten von Fragen; Suchen von Textstellen

Materialien: Puzzle-Teile für die Tafel, Blatt mit dem Text, Arbeitsblatt Kopiervorlage 2

Unterrichtsverlauf

1. Einstieg

An der Tafel hängen die Teile eines Schneemannes aus Papier

Auftrag: Du darfst den Schneemann flink zusammenbauen!

2. Hinführung zum Text

Lehrererzählung von der kleinen Hexe (Otfried Preußler), die ein lustiges Erlebnis mit einem Schneemann hat.
Lehrervortrag
Der Lehrer liest den ersten Abschnitt vor bis „zu Fuß hin".

3. Textbegegnung und Arbeit am Text

Die Kinder erhalten den Text.
Hinweis: Die Zahlen teilen die lange Geschichte in drei Teile ein. Die Zeichen sollen uns später helfen, uns schneller zurechtzufinden.
Auftrag: Lies den ersten Abschnitt zu Ende! Erzähle, was bisher geschehen ist!
Sicherung des Sinnverständnisses in Einzelarbeit
Die Kinder erhalten das *Arbeitsblatt*.
Auftrag: Zeige, daß du alles verstanden hast! Löse Aufgabe ❶ und ❷!

Weiterführung der Geschichte
Der Lehrer liest vom Abschnitt 2 vor bis „gefahren wäre".
→ Die Kinder erzählen den Inhalt.
Szenische Darstellung
Auftrag: Was passiert ist, wollen wir spielen. Die kleine Hexe kann spielen, was sie in der Situation machen könnte.
Sicherung des Verständnisses in Einzelarbeit.
→ Die Kinder bearbeiten Aufgabe ❸ auf dem Arbeitsblatt.
Auftrag: Lies den Abschnitt 2 alleine leise zu Ende! Erzähle davon! Beantworte Aufgabe ❹ auf deinem Arbeitsblatt!
Weiterführung der Geschichte
→ Die Kinder lesen den 3. Abschnitt laut vor.
Aufträge:
– Erzähle, was passiert ist!
– Sag uns deine Meinung dazu!
– Spielt diesen Teil der Geschichte vor!
– Löse die Aufgabe ❺ auf deinem Arbeitsblatt!

4. Ausklang

Auftrag: Du darfst den Schneemann der Kinder groß auf die Rückseite deines Blattes malen! Zeige auf deinem Bild, wie er sich wehrt!
Textblatt 🔳 ○:
In einer weiteren Stunde können die Kinder den Vers auswendig sprechen und Melodien dazu erfinden.

(Text von Otfried Preußler in: Mein Lesebuch 2. Schuljahr. München 1970, S. 186)

Schneemann, Schneemann, braver Mann

1 Es war ein schöner, sonniger Wintertag. Der Himmel erstrahlte in klarem Blau. Der Schnee leuchtete weiß und rein wie ein frisch gewaschenes Leintuch. Die kleine Hexe saß mit dem Raben Abraxas am Waldrand und sonnte sich. Auf einmal vernahmen sie Kinderstimmen und fröhlichen Lärm in der Nähe. Die kleine Hexe schickte den Raben Abraxas aus, daß er nachsehe, was es da gäbe. Als er nach einer Weile zurückkehrte, sagte er:
„Ein paar Kinder sind es, so kleine Stöpsel von sechs oder sieben Jahren. Die bauen sich auf der Wiese, hinter den Hecken dort, einen Schneemann."
„Den muß ich mir ansehen!" sagte die kleine Hexe. Und weil es ja bis zu der Wiese hinter den Hecken nicht weit war, ging sie zu Fuß hin.
✘ Der Schneemann war eben fertig geworden. Er trug im Gesicht eine lange Mohrrübennase und Augen aus Kohlenstückchen. Sein Hut war ein alter, verbeulter Kochtopf. In der rechten Hand hielt er stolz einen Reisigbesen.
Die Kinder bemerkten die kleine Hexe nicht, als sie hinter der Hecke hervortrat. Sie hielten sich an den Händen gefaßt und umtanzten den Schneemann. Sie hüpften dabei von einem Bein auf das andere. Dazu sangen sie:
○ „Schneemann, Schneemann, braver Mann,
hast ein weißes Röcklein an!
Trägst auf deinem dicken Kopf
einen alten Suppentopf!
Rübennase im Gesicht –
Schneemann, Schneemann, friert dich nicht?"
Die kleine Hexe freute sich über den prächtigen Schneemann und über die Kinder. Am liebsten hätte sie mitgetanzt.

2 Aber da kamen mit einemmal aus dem nahen Wald ein paar große Jungen hervorgestürmt, sieben an der Zahl. Die stürzten sich mit Geschrei auf den Schneemann und warfen ihn um. Den Suppentopf traten sie mit den Füßen. Den Besenstiel brachen sie mitten entzwei. Und den Kindern, die eben noch fröhlich getanzt hatten, rieben sie die Gesichter mit Schnee ein. Wer weiß, was sie sonst noch mit ihnen getrieben hätten, wenn nicht die kleine Hexe dazwischengefahren wäre.
△ „He!" rief sie zornig den Bengeln zu. „Wollt ihr die Kinder in Ruhe lassen! Ich wichse euch mit dem Besen durch, wenn ihr nicht aufhört!"
Da liefen die großen Jungen davon. Aber der schöne Schneemann war hin. Darüber waren die Kinder sehr traurig und ließen die Köpfe hängen. Das konnte die kleine Hexe verstehen. Sie wollte die Kinder trösten und riet ihnen:
„Baut euch doch einen neuen Schneemann! Was meint ihr?"
Da sagten die Kinder: „Ach, wenn wir uns einen neuen Schneemann bauen, dann werden die großen Jungen den neuen Schneemann auch wieder umwerfen. Und außerdem haben wir keinen Besen mehr, den haben sie ja entzweigebrochen!"
„Ich glaube, das hat nur so ausgesehen", sagte die kleine Hexe und bückte sich nach dem zerbrochenen Besen. „Da – schaut ihn euch an!"
Sie zeigte den Kindern den Besen. Da sahen sie, daß er ganz war.
„Baut ihr nur ruhig!" machte die kleine Hexe den Kindern Mut. „Ihr braucht vor den großen Jungen keine Angst zu haben! Wenn sie noch einmal wiederkommen, dann werden sie ihren Lohn kriegen. Verlaßt euch darauf!"
Die Kinder ließen sich überreden, sie bauten nun doch einen neuen Schneemann. Der wurde sogar noch viel schöner und stattlicher als der erste, denn diesmal half auch die kleine Hexe mit.

3 Als aber der neue Schneemann fertig war, dauerte es gar nicht lang, und wieder kamen die sieben Bengel mit lautem Geschrei aus dem Wald gestürmt. Da erschraken die Kinder und wollten davonlaufen.
„Bleibt!" rief die kleine Hexe, „und seht, was geschehen wird!"
Was geschah, als die sieben heranstürmten?
✘ Plötzlich begann sich der neue Schneemann zu regen. Er schwang seinen Reisigbesen wie eine Keule und wandte sich gegen die großen Jungen.
Dem ersten haute er eins mit dem Besenstiel über die Pudelmütze. Dem zweiten versetzte er mit der linken Hand einen saftigen Nasenstüber. Den dritten und den vierten nahm er beim Wickel und stieß sie so ungestüm mit den Köpfen zusammen, daß es nur so bumste. Den fünften schleuderte er gegen den sechsten, daß beide der Länge nach hinfielen und auch den siebenten noch mit umrissen.
Als sie nun alle dalagen, packte der Schneemann den Besen und fegte damit einen hohen Schneehaufen über den Kerlen zusammen.
Das hatten sie nicht erwartet!
Sie wollten um Hilfe rufen, aber sie schluckten dabei nur Schnee. Verzweifelt zappelten sie mit Armen und Beinen. Als sie sich endlich mit vieler Mühe freigestrampelt hatten, suchten sie entsetzt das Weite.
Der Schneemann ging seelenruhig an seinen Platz zurück und erstarrte wieder. Da stand er, als ob gar nichts geschehen wäre.
Die Kinder jubelten, weil die großen Jungen nun ganz gewiß nie mehr kommen würden – und die kleine Hexe lachte über den gelungenen Streich so laut, daß ihr die Tränen in die Augen traten und der Rabe Abraxas erschrocken ausrief:
„Aufhören, aufhören, sonst platzt du!"

Otfried Preußler

| Name: | Datum: | KV 2 |

Schneemann, Schneemann, braver Mann

❶ Was machten die Kinder auf der Wiese? ■1

_____

❷ So sah er aus: ■1 ✗

Er trug im Gesicht _____ _____ _____

und Augen ____ _____.

Sein Hut war ____ _____ _____ _____.

In der rechten Hand trug er stolz _____ _____.

❸ Wer kam plötzlich aus dem Wald? ■2

_____

    ○ Sie warfen den Schneemann um.
    ○ Sie halfen mit.
    ○ Sie spielten selbst.
    ○ Sie rieben die Kinder mit Schnee ein.

❹ Wer half beim zweiten Schneemann mit? ■2 △

_____

❺ Was geschah, als die sieben bösen Buben wieder heranstürmten? ■3 ✗

_____

_____

_____

❻ Male auf die Rückseite, wie sich der Schneemann wehrt!

❼ Lies zu Hause die Geschichte noch einmal, und schreibe das Schneemanngedicht in dein Heft ab!

Die vergeßlichen Räuber

Lernziele: Freude am Lesen; flüssiges, sinnerfassendes Lesen; Darstellen von Textinhalten
Material: Arbeitsblatt mit dem Lesetext oder Lesebuch 2 „Sprache lebt". München 1989: S. 11, Arbeitsblatt
Voraussetzungen: Übung mit Wiewörtern, Gegensatzpaare beim Wiewort

Unterrichtsverlauf

1. Hinführung

Tafelanschrift als Impuls: Die vergeßlichen Räuber
→ Freies Unterrichtsgespräch, Vermutungen
Zielangabe: Was die Räuber vergessen haben, wollen wir in einer lustigen Geschichte erfahren.

2. Begegnung und Arbeit mit dem Text

Lesebuch Seite 11 (s. o.) oder vergrößerter Text
Lesephase
Die Kinder lesen bis auf die letzten vier Zeilen.
→ *Unterrichtsgespräch* über das Gelesene
Aufträge und Fragen:
– Erzähle zu der Geschichte!
– Was hat dir besonders gut gefallen?
– Lies vor, was sie alles anziehen müssen!
Impuls: Einige Wörter kommen sehr oft vor.
Einzelarbeit am Textblatt
Auftrag: Unterstreiche im Text die zwei Wörter, die immer wieder vorkommen! Zähle, wie oft sie in der Geschichte stehen!
→ „sieben riesige" kommt 11mal vor.
Impuls: Nun wollen wir aber endlich wissen, warum die Räuber wieder umgekehrt sind. Vielleicht kannst du es dir schon denken. (Schau auf die Überschrift!)

Auftrag: Lies den Schluß leise für dich!
Impuls: Nun weißt du, warum die Räuber umgekehrt sind.
→ Jeder Räuber hat zwei Füße, also brauchen sie doppelt so viele Strümpfe und Schuhe.
Auftrag: Schau das Bild (im Lesebuch) genau an!
→ Jeder Räuber hat nur e i n e n Socken und e i n e n Schuh bekommen. Darum humpeln sie wieder heim.
Darstellung im Spiel
Die Kinder spielen die Szene des Anziehens und der Folgen vor.
Auftrag: Lies die ganze Geschichte noch einmal vor! Die anderen Kinder spielen mit, was die Räuber gerade machen.
→ Die Kinder lesen abwechselnd einen Satz.

3. Übung und Erfolgskontrolle

Einzelarbeit mit dem Arbeitsblatt
Auftrag: Hilf den vergeßlichen Räubern, damit sie es das nächste Mal richtig machen können!
Aufgabe ❷ Lösung: 2 Hände, 2 Füße

(Text von Josef Guggenmos in: Lesebuch 2. München 1989: Oldenbourg, S. 11)

Die vergeßlichen Räuber

Sieben riesige Räuber
zogen sieben
riesige Jacken an.
Sieben riesige Räuber
schlüpften in sieben riesige Socken
und in sieben riesige Stiefel
und setzten sieben riesige Hüte auf.
Sieben riesige Räuber
schnallten sieben riesige Gürtel
mit sieben riesigen Säbeln um.
Sieben riesige Räuber
humpelten durch den Wald,
aber nicht weit,
dann machten sie halt.
Sie riefen: „Zu dumm!"
Und kehrten wieder um.
Sieben riesige Räuber
humpelten wieder nach Haus.
Sieben riesige Socken
und sieben riesige Stiefel
reichen für sieben riesige Räuber
nicht aus.

Josef Guggenmos

Die vergeßlichen Räuber

❶ Was brauchen die riesigen Räuber? 
Sie brauchen:

7 riesige _____   7 riesige _____

7 riesige _____   7 riesige _____

7 riesige _____

Aber sie brauchen:

☐ riesige _____

☐ riesige _____

☐ riesige Handschuhe

❷ Ich glaube, sie haben vergessen, daß jeder

☐ _____ und ☐ _____ hat.

Aus Glas

Lernziele: Flüssiges, klanggestaltendes Lesen; Finden von Reimen; Anregung der Phantasie
Material: Sprachbuch 2 „Sprache lebt". (München 1989, S. 7) oder Arbeitsblatt mit dem Text, Wortkarten

Unterrichtsverlauf

1. Hinführung

Lehrererzählung: Gestern bin ich gestolpert und hart auf mein Knie gefallen. Das hat wehgetan und gibt wieder einen blauen Flecken. Da habe ich mir etwas gedacht.
Tafelanschrift:
Ich möchte aus Gummi sein!

2. Anregung von Phantasie und logischem Denken

Impuls: Das hätte schon einige Vorteile.
→ Nichts tut einem weh, keine blauen Flecken, große Beweglichkeit, Höheres erreichen durch Springen...
Tafelanschrift als Impuls: Aber dann...
→ Ich müßte immer wie ein Ball hüpfen. Ich würde nicht spüren, wenn ich mich verletze...
Ausweitung
Impuls: Vielleicht möchtest du aus einem anderen Material sein? Überlegt in der Gruppe!
Der Lehrer gibt evtl. Hilfe durch Wortkarten:

| Holz | Stein | Luft |

→ Die Kinder diskutieren in der Gruppe, erzählen dazu, spielen ihren Vorschlag vor mit den Konsequenzen.

3. Begegnung und Arbeit mit dem Text

Lehrer: Ein Dichter hat auch eine prima Idee gehabt. Wir wollen erfahren, welches Material ihm gefallen würde.
Die Kinder erhalten den Text.
Auftrag: Lies die ersten drei Zeilen vor!
→ Stellungnahme und Erzählen der Folgen
→ Die Kinder lesen das Gedicht vor.
Impulse und Aufträge:
— Der Dichter weiß einen Vorteil, aus Glas zu sein.
— Vielleicht weißt du noch mehr?
— Da gibt es einen großen Nachteil!
— Lies, was passiert! — Ich sehe an den Reimen, daß gedichtet wurde. — Finde die Reimwörter! — Lies, was die anderen Kinder schrein! — Du hättest vielleicht mitgeschrien. — Jedes Kind liest einen Vers.

4. Erkenntnis und Zusammenfassung

Impuls: Der Schlußsatz ist sehr wichtig.
→ Die Kinder nehmen begründend Stellung.

5. Ausklang

Auftrag: Male ein Bild zu dem Gedicht!

Aus Glas

Manchmal denke ich mir irgendwas.
Und zum Spaß
Denke ich mir jetzt: ich bin aus Glas.

Alle Leute, die da auf der Straße gehen,
Bleiben stehen,
Um einander durch mich anzusehen.

Und die vielen andern Kinder schrein:
Ei wie fein!
Ich, ich, ich will auch durchsichtig sein!

Doch ein Lümmel stößt mich in den Rücken.
Ich fall hin...
Klirr, da liege ich in tausend Stücken.

Ach, ich bleibe lieber, wie ich bin!

Josef Guggenmos

(Text von Josef Guggenmos in: *Sprache lebt 2. München 1989: Oldenbourg, S. 7)*

Der Ball

Lernziele: Kennenlernen eines Gedichts;
Erfassen seiner klanglichen und optischen Gestalt als Abbild der Wirklichkeit;
Umsetzen von Bewegung in Sprache

Materialien: Tonband, Ball, Arbeitsblatt Kopiervorlage 4

Unterrichtsverlauf

1. Einstieg

Die Kinder drehen sich mit dem Rücken zur Tafel oder schließen die Augen. Der Lehrer läßt einen Ball springen. (Alternative: Geräusch eines springenden Balles auf Kassette)
→ Man hört einen Ball springen, er wird schneller, leiser...
Lehrer: Ein Dichter hat einen Ball springen gehört und gesehen. Er hat ein kleines Gedicht daraus gemacht.

2. Textbegegnung

Der Lehrer spielt den Text auf Kassette vor.
→ Gespräch über den Inhalt: „guter Laune", das Ballgeräusch ist fröhlich, „nichts kann ihn halten", man könnte ihn schon halten, der Dichter tut so, als ob...

3. Erarbeitung der akustischen und rhythmischen Gestalt

Auftrag: Vergleiche den Gedichtvortrag mit dem Ballgeräusch!
→ Das Gedicht wird so gesprochen, wie der Ball springt, schneller werdend, leiser...
Überprüfung an der Wirklichkeit
Der Lehrer läßt einen Ball springen, die Kinder beobachten und sprechen im Rhythmus mit: „...und springt und springt..."
Teilzusammenfassung
Man kann eine Bewegung mit der Sprache zeigen.

4. Erarbeitung der optischen Gestalt

Lehrer: Nun wollen wir das Gedicht lesen und sehen, wie es aufgeschrieben ist. Die Kinder erhalten das *Arbeitsblatt* und lesen still.
→ *Gespräch:* Das Gedicht ist so geschrieben, wie der Ball springt, die Zeilen springen, sie werden niedriger...

Überprüfung an der Wirklichkeit
Der Lehrer läßt den Ball springen, die Kinder verfolgen die Bewegung mit dem Arm, sprechen den Text dazu.
Impuls: Die Bewegung kann man mit dem Bleistift in den Zeilen zeigen.
Optische Darstellung in Einzelarbeit
→ Die Kinder verbinden die „und" und „springt" mit Strichen.
Kontrolle an der Tafel:

Zusammenfassung: Bewegung kann man auch mit geschriebener Sprache, also mit der Schrift zeigen.

5. Transfer

Darstellen einer anderen Bewegungsform
Impuls: Der Lehrer läßt den Ball rollen. Nun bist du der Dichter. Mach ein Gedicht, das vom Rollen erzählt!
→ Ist der Ball..., dann rollt er und ro....
→ Man muß leiser werden und langsamer.
Impuls: Auch die Bewegung muß man anders zeigen.

Darstellen in schriftlicher Form
Auftrag: Du darfst auf die Rückseite deines Blattes das Gedicht so schreiben, daß es das Rollen des Balles gut zeigt!
Die Vorschläge werden danach an der Tafel gezeigt, z.B.:

und rooolllllt
und rollt und rollt und rollt

(Gedicht von Ludwik J. Kern in: Lesebuch 2. Stuttgart 1976)

Der Ball

Ist der Ball guter Laune,
dann springt er

          springt

                    springt

                              springt

                                      springt

und   und   und   und

                                und nichts kann ihn halten.

Die Schriftbreite

Lernziel: Einüben einer gleichmäßigen Schriftbreite bei der Schreibschrift
Materialien: Wortkarten, Tafel, Arbeitsblatt Kopiervorlage 5
Voraussetzung: Abgeschlossener Lehrgang in Schreibschrift

Unterrichtsverlauf

1. Einstieg

Der Lehrer zeigt ein mehrmals gefaltetes Papier.
→ Eine Ziehharmonika
Der Lehrer dreht das Papier um, zieht es auseinander, und es erscheint das Wort:

→ Die Kinder erlesen das Wort und entdecken: Das Wort ist auch so auseinandergezogen geschrieben wie eine Ziehharmonika.
Impuls: Eine Ziehharmonika kann man auch zusammendrücken.
Der Lehrer zeigt die Wortkarte:

2. Vergleich und Beurteilung von Schriftbreiten

Auftrag: Vergleiche die beiden Schriftbreiten!
→ Die eine ist sehr breit, die andere zu eng.
Impuls: Der Lehrer zeigt die Wortkarte:

→ Nun sind die Buchstaben ungleichmäßig breit.
Zielangabe: Wir wollen üben, eine gute und gleichmäßige Breite bei der Schreibschrift zu schaffen.

3. Heraussuchen und Einüben einer guten Schriftbreite

Auftrag: Ich zeige dir einige Wörter auf einem Blatt. Fahre alle einmal nach! Prüfe, welche Breite am besten ist, und kreise dieses Wort ein!
Einzelarbeit: Arbeitsblatt Aufgabe ❶.
→ Die Kinder begründen ihre Entscheidung: Beim Wort „Schulhaus" stoßen die Buchstaben nicht aneinander, man sieht die Verbindungen, aber die Buchstaben sind nicht breit auseinandergezogen...
Auftrag: Dann versuche, bei Aufgabe ❷ das Wort mit der guten Schriftbreite einige Male zu schreiben! Es müßte dreimal in die Zeile passen.
Auftrag: Schreibe dann die vorgeschriebenen Wörter in die Zeilen darunter!
Einzelarbeit: Arbeitsblatt Aufgabe ❷ und ❸.

4. Anwendung und weitere Übung

Tafelanschrift:

Auftrag: Entscheide, welches Wort in welches Kästchen paßt!
→ Die Kinder schreiben an der Tafel in die Zeilen und begründen die Auswahl nach der Wortlänge.
Einzelarbeit: Arbeitsblatt Aufgabe ❹.
Auftrag: Schau die Wörter und die Zeilen erst genau an! In welche Zeile muß jedes Wort geschrieben werden, um eine gute Schriftbreite zu erreichen?

Name: _____ Datum: _____   KV 5

Wir achten auf die Schriftbreite

1 Fahre nach und finde die beste Schriftbreite heraus!

Gemüse   *Kaufhaus*

Ziehharmonika

Schulhaus

Kinder   *Wiese*

2 Das Wort mit der besten Schriftbreite soll dreimal in die Zeile passen!

3 Schreibe genau ab!

Schön   schreiben   soll   jeder   können.

4 Welches Wort paßt in welche Zeile?
Prüfe erst, schreibe dann!

Vogel   Nest   Spielwaren   Not   Radiergummi

Wir schreiben Buchstaben mit einer Welle

Lernziel: Sauberes, formgerechtes Schreiben von Buchstaben mit der Wellenform
Materialien: Plakat mit Achter-Rennbahn, Spielauto, Tafel, Arbeitsblatt Kopiervorlage 6

Unterrichtsverlauf

1. Einstieg

An der *Tafel* wird ein Plakat mit einer liegenden Acht aufgehängt:

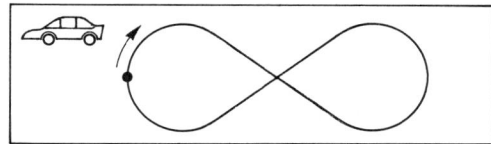

Auftrag: Fahre mit dem Auto die Spur mehrmals nach!
→ Je ein Kind fährt abwechselnd an der Tafel nach, die anderen Kinder bewegen entsprechend die Hand in der Luft.

2. Einübung der Grundform „Welle"

Tafelbild:

Impuls: Ich habe nun nur noch eine halbe Acht. Sie erinnert mich an etwas.
→ An eine Welle.
Bewegungsübung
Auftrag: Unsere Hände, unsere Arme bewegen sich in Wellen... Es gibt hohe und flache Wellen... Wir drehen uns dabei im Kreis, bewegen uns vorwärts...
Zielangabe: Wir wollen schöne Wellen schreiben.
Einzelarbeit: Arbeitsblatt Aufgabe ❶.
Auftrag: Versuche, mit dem Stift die Wellen möglichst genau nachzuspuren! Zeichne selbst noch mehr dazwischen!

3. Erarbeitung und Einübung von Buchstaben mit der Welle

Impuls: Einige unserer Buchstaben haben diese Welle.
Tafelanschrift:

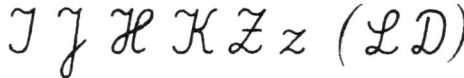

Provokation durch Tafelanschrift:

Die Kinder zeigen und begründen die Fehlformen:
→ Die Welle soll an der Linie entlanglaufen; die beiden Teile der Welle sollen gleichmäßig sein; eine Welle ist nicht zu tief, aber auch nicht zu flach...
Auftrag: Fahre alle Buchstaben an der Tafel nach, bei denen du die Welle gut gelungen findest! Schreibe daneben selbst Buchstaben mit der Welle!
Die Kinder üben an der *Tafel:*

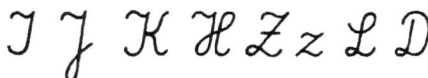

4. Anwendung in Einzelarbeit

Auftrag: Nun kannst du die Buchstaben sicher, sauber und genau auf deinem Arbeitsblatt üben! Achte auch beim Schreiben von ganzen Wörtern auf die Welle beim Anfangsbuchstaben!
Die Kinder bearbeiten das *Arbeitsblatt*.

Buchstaben mit einer Welle

1

Folge den Wellenspuren und streiche nicht gelungene Wellen weg!

2

H I J K Z z D L

H I J K Z z D L

Herz	*Kind*
Insel	*Jahr*
zum Zoo	*Dach*
Laus	

and, ugel, gel, ose, uni, irkus

H   K   J   D   J   Z

Verbinde die Wörter mit den passenden Bildern!

Wir schreiben Buchstabenverbindungen mit r

Lernziel: Korrektes Schreiben des Buchstabens r in Verbindung mit anderen Buchstaben
Materialien: Tafel, Arbeitsblatt Kopiervorlage 7
Voraussetzung: Abgeschlossener Lehrgang in der Schreibschrift

Unterrichtsverlauf

1. Hinführung

Isolieren des Buchstabens
Auftrag: Höre genau auf die Wörter, die ich dir vorspreche! In allen Wörtern steckt der gleiche Buchstabe.
Der Lehrer spricht vor: arbeiten, gerne, bohren, Herz, Arm, erfahren, Wort...
→ Alle Wörter haben ein r.
Tafelbild:

Auftrag: Suche die Teile, die zum r gehören und setze das r zusammen!
Wiederholendes Üben des Buchstabens
Tafelanschrift:

Auftrag: Fahre die r mehrmals nach!
Einzelarbeit: Arbeitsblatt Aufgabe ❶.
Auftrag: Schreibe eine Zeile r auf deinem Arbeitsblatt!
Zielangabe: Wir wollen heute das r mit anderen Buchstaben sauber und genau verbinden.

2. Einüben von Buchstabenverbindungen mit r

Sammeln der Verbindungen
Auftrag: Erinnere dich an die Wörter von vorhin! Überlege, welcher Buchstabe jeweils dem r folgt!
→ Die Kinder nennen aus dem Gedächtnis die Wörter und hören den dem r folgenden Buchstaben heraus.
Tafelanschrift:

Auftrag: Zeige mit farbiger Kreide den Übergang vom r zum b,...!
Tafelanschrift:

Die Kinder kennzeichnen die Verbindungen und schreiben darunter die Buchstabenpaare isoliert.
Merke: Bei „re" braucht das r ein großes Häkchen (Schüsselchen), damit das e hineinpaßt!

3. Sicherung/Festigung

Tafelanschrift als Impuls:

Die Kinder klären die ungenauen Verbindungen und verbessern begründend.

4. Anwendung am Arbeitsblatt

Auftrag: Nun versuche selbst, schöne Buchstabenverbindungen zu schreiben!
Tafelanschrift:

| Name: | Datum: | KV 7 |

Buchstabenverbindungen mit r

1 r r r

2 Nun folgen dem r andere Buchstaben. Fahre gelungene Buchstabenverbindungen nach!

rb rm rz rl rf rn re re
rm rf rt rz rb

3 Schreibe die Buchstaben verbindungen in die Zeile!

4 Fahre nach und schreibe selbst! rn rm

| rl rb | re |
| rf rt | rz |

5 Fahre das r und den folgenden Buchstaben farbig nach!

Urlaub arbeiten Herz bohren gerne
Arm erfahren Wort

6 Übe fleißig!

Birne	werfen
Lärm	Erbe
reden	Erle
März	Art

Wir unterscheiden M/m und N/n

Lernziele: Optische, akustische, sprech- und schreibmotorische Differenzierung der Laute und Buchstaben M/m und N/n
Materialien: Folie, Tafel, Arbeitsblatt Kopiervorlage 8
Voraussetzung: Kenntnis der Buchstaben M/m und N/n in Schreibschrift

Unterrichtsverlauf

1. Textbegegnung

Die *Folie* wird aufgelegt (s. unten).
Auftrag: Lies den Brief! Sag, was du darüber denkst!
Moni verwechselt zwei Buchstaben: Das M/m und das N/n.

2. Erarbeitung und Übung im optischen und schreibmotorischen Bereich

Zielangabe: Wir wollen ihr helfen, M/m und N/n genau zu unterscheiden.
Tafelanschrift:

    M m   N n

Die Kinder fahren groß nach und sprechen dazu im Bewegungsablauf:
M: hinauf, hinunter, hinauf, hinunter
m: erster Bogen, zweiter Bogen, dritter Bogen
Entsprechend beim N und n sprechen.
Aufträge:
Beschreibe den Unterschied zwischen M und N, zwischen m und n!
- Fahre den Teil nach, den das M hat, aber das N nicht!
- Schreibe groß in die Luft, auf die Bank...
- Schreibe auf den Rücken des Nachbarn! Er muß spüren, ob es M/m oder N/n ist!

Tafelanschrift:

    nummn wmun MNMN

Auftrag: Suche M/m und N/n, fahre nach!
Anwendung
Auftrag: Nun kannst du an der Folie die Fehler gut sehen. Streiche alle falschen Buchstaben durch!
Einzelarbeit: Arbeitsblatt Aufgabe ❶, ❷ und ❸

3. Erarbeitung und Einübung im akustischen und sprechmotorischen Bereich

Impuls: Nicht nur im Aussehen sind die beiden sehr ähnlich.
Der Lehrer dreht sich herum und spricht M und N.
Aufträge:
- Beobachte die Lippen deines Nachbarn!
- Fühle deine eigenen Lippen ab!
- Achte auf die Stellung der Zunge!
- Nun spitze deine Ohren! Schau mich an und sprich deutlich: m n m n n ...

Gemeinsame Arbeit am *Arbeitsblatt Aufgabe* ❹ und ❺
Der Lehrer spricht zuerst Buchstaben, dann Wörter und Sätze vor, z.B.: Ein Maler malt ein Mädchen mit einer Nase und einem roten Mund.
Die Kinder schreiben, ob sie M/m oder N/n hören.
Zusatzaufgabe: Arbeitsblatt Aufgabe ❻.
Auftrag: Schau genau, höre auf das Wort und schreibe dann die richtigen Buchstaben!

---

*Neime Nana sagt, ich kamm
schom prina schreibem. Aber
ich verwechsle inner moch zwei
Buchstabem.*
        Nomi

Name: _____   Datum: _____   KV 8

Wir unterscheiden *M* und *N*, *m* und *n*

❶ Wie war das in dem Brief? Moni hat zwei Buchstaben verwechselt:

☐☐☐ und ☐☐☐

❷ Ich sehe die richtigen *M m* und *N n* in der Zeile.

M m   *M m M M M M m n m M M m*

N n   *N n N N N m n n n N N n N N*

❸ Ich kann sauber und genau schreiben.

M m N n

Mimi und Nina

❹ Ich schaue und höre genau. Dann schreibe ich.

❺ Ich höre und schreibe, ob ich M m oder N n im Wort höre.

❻ Letzte Aufgabe für ganz Schlaue!

der Ka _ _   der Ma _ _   die Ka _ _ e

der Schwa _ _   der Schwa _

Wir unterscheiden U/u und V/v

Lernziele: Optisches und schreibmotorisches Unterscheiden der Buchstaben V/v und U/u
Materialien: Tafel (Folie), Farbstifte, Arbeitsblatt Kopiervorlage 9
Voraussetzung: Kenntnis der Buchstaben U/u und V/v in Druck- und in Schreibschrift

Unterrichtsverlauf

1. Begegnung mit dem Problem

Tafelbild oder Folie (s. unten).
Freie Schüleräußerungen

2. Erarbeitung der Unterschiede

Impuls: Uli verwechselt hier zwei Buchstaben.
Das V/v und das U/u.
Tafelanschrift:

V v   U u

Zielangabe: Wir wollen ihm helfen, die beiden Buchstaben auseinanderzuhalten.
Aufträge: Schau genau! Fahre nach und beschreibe den Unterschied! Male den Unterschied farbig nach!
→ Die Kinder erklären den unterschiedlichen Bewegungsablauf, z.B.: Das V und das U beginnen gleich. Das V hat einen Schlußhaken oben. Beim U fahre ich noch einmal zur Zeile hinunter. Beim u beginne ich mit einem Anstrich unten an der Zeile, das v beginnt mit einem Bogen oben, genau wie das große V.
Vertiefende Übung
Tafelanschrift:

UVU... uvvu...

Auftrag: Fahre ein U/u und ein V/v bunt nach!
Tafelanschrift als Impuls:

U V v V U U u v v

Aufträge: Sage, was dir nicht gefällt! Streiche es weg! Fahre alle gelungenen Buchstaben nach!
Tafelanschrift:

.ase, .hr, .m
.om, .nfall, .oll, .nten

Auftrag: Überlege, ob ein V/v oder ein U/u paßt! Schreibe den richtigen Buchstaben in die Lücke!

3. Sicherung

Die Kinder erhalten das *Arbeitsblatt*.
Auftrag: Lies noch einmal den Brief!
Nun kannst du die falschen Buchstaben mit einem Farbstift ausbessern wie ein Lehrer!
Einzelarbeit: Arbeitsblatt Aufgabe ❶
→ Die Kinder zählen dabei die Anzahl der verwechselten Buchstaben.
Zusammenfassung:
Lehrer: Ich glaube, zwei Buchstaben verwechselst du nicht mehr so leicht. Male sie nochmals groß in die Luft! Sprich dazu:

v   U   u   U
vier Vögel   unser Uli

4. Anwendung und Übung

Die Kinder bearbeiten in Einzelarbeit das *Arbeitsblatt Aufgabe* ❷, ❸ und ❹.

Liebe Eva!
Mein Uati kam heute aus dem
Urlaub zurück. Er hat mir einen
schönen Uogel mitgebracht.
Komm und schau ihn dir an!
Dein   Uli

Name: _____ Datum: _____ KV 9

Wir unterscheiden $\mathcal{U}$ und $\mathcal{V}$, u und v

1 Dem Fehlerteufelchen in dem Brief komm ich auf die Spur!

> Liebe Eua!
> Mein Uati kam heute aus dem Verlaub zurück.
> Er hat mir einen schönen Uogel mitgebracht.
> Komm und schau ihn dir an!
>   Dein Uli

Diese zwei Buchstaben verwechselt Uli:

☐ und ☐

2 Zeige den Unterschied deutlich mit Buntstift!

$\mathcal{U}\,u \quad \mathcal{V}\,v$

3 Fahre die richtigen Buchstaben nach!

$\mathcal{U}\,u$ — $\mathcal{U}u\,u\,\mathcal{V}\mathcal{U}\,\mathcal{U}u\,\mathcal{U}u\,\mathcal{U}u\,\mathcal{U}u\,\mathcal{U}$

$\mathcal{V}\,v$ — $\mathcal{V}v\,\mathcal{V}\,\mathcal{W}\,\mathcal{U}v\,\mathcal{V}u\,\mathcal{V}v\,\mathcal{V}v\,v\,\mathcal{V}v$

4 Nun paß beim Schreiben gut auf!

Vera und Uli

Vati und Ute

Udos Vogel fliegt um die Vase herum.

5 Setze den richtigen Buchstaben ein!

.ase, ..hr, .nten, .oll, .m, .om

Ich schreibe richtig ab

Lernziele: Genaues Erfassen von Wörtern; richtiges Abschreiben
Materialien: Tafelanschrift, Symbolbilder für die Tafel, Block, Arbeitsblatt Kopiervorlage 10
Voraussetzung: Wir schreiben eine Einladung (schriftlicher Sprachgebrauch)

Unterrichtsverlauf

1. Hinführung

Lehrer: Uli hat Geburtstag. Er möchte Freunde einladen.
→ Er muß eine Einladung schreiben.
Lehrer: Er hat sich gut überlegt, was er auf jede Einladungskarte schreiben will. Der Text (s. Arbeitsblatt) wird als *Tafelanschrift* gezeigt und gelesen.
Impuls: Uli hat gedacht: „Ich will keine Fehler machen, wenn ich die Einladung abschreibe."
→ Die Kinder machen Vorschläge, z.B.: Er muß genau hinschauen, er muß Wort für Wort abschreiben...
Zielangabe: Was muß Uli bei jedem Wort tun, damit er beim Abschreiben keine Fehler macht? Das wollen wir uns heute überlegen.
Tafelanschrift: Wie schreibe ich richtig ab?

2. Erarbeitung der Abschreibregeln

Das Symbolbild **1** (vgl. Arbeitsblatt Aufgabe ❶) wird an die *Tafel* geheftet.
→ Er muß genau hinschauen und Buchstabe für Buchstabe sagen (= buchstabieren).
Impuls: Bei manchen Wörtern muß er besonders genau hinschauen!
→ Die Kinder fahren die schwierigen Stellen in den Wörtern farbig nach.
Impuls: Hinschauen alleine genügt nicht. Beim Schreiben sieht er das Wort nicht.
→ Er muß sich das Wort merken.
Das Symbolbild **2** wird aufgehängt.
Impuls: Jetzt kann Uli das Wort schreiben. Vielleicht kannst du ihm einen Rat geben, was er während des Schreibens tun sollte. (Evtl. stummer Impuls: Der Lehrer bewegt die Lippen.)
→ Er soll beim Schreiben das Wort langsam, genau und ganz leise sprechen.
Symbolbild **3** wird aufgehängt.
Impuls: Das nächste Wort soll Uli noch nicht sofort schreiben.
→ Er muß erst nachprüfen.
Auftrag: Gib Uli einen Rat, wie er nachprüfen soll!
→ Er muß Buchstabe für Buchstabe vergleichen, die Buchstaben zählen...
Das Symbolbild **4** wird aufgehängt.
Damit die Kinder genau überprüfen, wird unter jeden richtigen Buchstaben ein kleiner Punkt mit Bleistift gemacht. Falsche Buchstaben werden natürlich berichtigt und nicht unterpunktet.

3. Anwendung

Lehrer: Uli kann jetzt sicher richtig abschreiben. Wenn du abschreibst, sollst du es genauso machen.
a) Die Kinder stehen auf, der Ablauf des Abschreibens wird *gestisch* dargestellt.
b) *Übung an der Tafel:* Ein Kind sucht ein Wort aus dem Text aus, ein anderes schreibt an der Tafel ab, die anderen schreiben auf den Block.
c) Die Kinder bearbeiten die Aufgaben ❷ und ❸ in *Einzelarbeit*.
Auftrag: Decke das Wort ab, wenn du es dir gemerkt hast!

4. Weiterführung

– Permanentes Wiederholen der Abschreibregeln
– Aushängen eines Merkplakates

Name: _____ Datum: _____ **KV 10**

Ich schreibe richtig ab!

Liebe Eva!
Komme bitte am 3. Dezember um
15 Uhr zu mir! Ich werde meinen
Geburtstag feiern. Wir wollen essen,
trinken und viel spielen.
                              Dein Uli

❶ So mache ich keine Fehler!

❷ Suche die Wörter und schreibe sie in Druckschrift ab!

❸ Ich kann auch ohne Fehler abschreiben!

Ich übe Lernwörter mit einem Partner

Lernziele: Erarbeiten von Übungsmöglichkeiten für die Partnerarbeit; Einprägen von Lernwörtern
Materialien: Wortkarten zur Demonstration, Folienbild, Symbolbilder, Arbeitsblätter Kopiervorlagen 11 und 12, Block
Zeit: Ca. 3 Stunden

Unterrichtsverlauf

1. Hinführung

Lehrer: Paulchen und Paulinchen Schlau zeigen euch auf einem Bild, was sie manchmal gemeinsam tun.
Das Folienbild (s. S. 29) wird gezeigt.
→ Die Kinder üben gemeinsam.
Impuls: Du siehst auch, was sie miteinander üben.
→ Sie üben, Wörter richtig zu schreiben.
Lehrer: Die beiden brauchen zum Üben nicht immer ihre Lehrerin oder ihre Mutter. Sie üben selbständig.
→ Vorschläge der Kinder
Lehrer: Du kannst sicher auch selbständig mit deinem Partner Wörter üben.
Je zwei Kinder bekommen ein Blatt mit Wörtern (s. S. 29) und zerschneiden es in einzelne Wortkarten.
Zielangabe: Überlege dir, wie du diese Wörter gemeinsam mit deinem Partner üben kannst!

2. Erarbeitung von Übungsformen für die Partnerarbeit

Die verschiedenen Übungsmöglichkeiten werden gemeinsam erarbeit und jeweils von zwei Kindern mit den Demonstrationswortkarten des Lehrers vorgeführt, die auf einem Tisch in der Mitte des Zimmers liegen. Dann wird das Symbolbild mit dem Satzstreifen (s. S. 28, Abb. zu ❶–❼) am Projektor aufgelegt. Danach wird die Übungsform in Partnerarbeit ausgeführt. Auf eigene Ideen der Kinder wird eingegangen. Das Einführen und Üben der Übungsformen wird auf mehrere Tage verteilt.

a) *Wechselseitiges Vorlesen*
Einer zieht eine Wortkarte, der andere liest das Wort leise vor. Dann wird abgewechselt.

b) *Gemeinsames Ordnen der Wörter*
Ordnungsmöglichkeiten: Groß- und Kleinschreibung, Wortarten, schwierigere und leichtere Wörter, lange und kurze Wörter...

c) *Abschreiben*
Abwechselnd zieht ein Kind eine Wortkarte, das andere schreibt das Wort ab (Abschreibregeln!), das erste prüft nach. Es kann in Druckschrift oder in Schreibschrift geschrieben werden.

d) *Ab- und Aufbauen*
Ein Kind baut das Wort durch Falten der Wortkarte ab, das andere liest. Dann baut dieses Kind das Wort wieder auf, und der Partner liest.

e) Wir stellen einander abwechselnd *Rätsel*.
Beispiele:
– Wie heißt der 4. Buchstabe bei „Fenster"?
– Wie viele Buchstaben hat das Wort „offen"?
– Der eine schreibt die eine Hälfte des Wortes, der andere schreibt es zu Ende.
– Der eine malt zu einem Namenwort, der andere schreibt es daneben.
– Wir schreiben füreinander Wörter in *Geheimschriften:* Wortrahmen, Selbstlaut – Mitlaut, Strichschrift, Lückenwörter...

f) Wir bilden *Wortpaare* und suchen *Sätze* dazu, z.B.: Nacht – dunkel, Regen – naß, Regen – Fenster. →
In der Nacht ist es dunkel. Der Regen macht alles naß. Bei Regen schließe ich das Fenster...

g) Wir diktieren einander abwechselnd Wörter und prüfen nach.

3. Zusammenfassung und Wiederholung

Zum Abschluß bekommen die Kinder das Arbeitsblatt mit den Übungsmöglichkeiten für die Partnerarbeit, das auch als *Merkplakat* aufgehängt wird.

Name: _____ Datum: _____ **KV 11**

Ich übe Lernwörter mit einem Partner

Wir wechseln immer ab.

Wir flüstern bei der Arbeit.

Wir helfen einander und streiten nicht.

Das können wir tun:

① Einer liest dem anderen die Wörter vor.

② Wir ordnen die Wörter: groß | klein | lang | kurz | schwierig | leicht .....

③ Einer schreibt ab, der andere prüft nach.   *alt*

④ Einer baut die Wörter ab, der andere auf.   *Fen*

⑤ Wir stellen einander Rätsel.   SMM ..t

⑥ Wir diktieren einander die Wörter.   *naß*

⑦ Wir denken uns Sätze aus.   *Das* *Fenster* *ist* *offen*

| Name: | Datum: | KV 12 |

Ich übe Lernwörter mit einem Partner

Nacht	schön
Fenster	fremd
Platz	Ring
Pferd	Ort
Regen	naß
dunkel	offen
Wunde	leicht
trocken	alt
sicher	Luft

Wir suchen Wörter im Wörterbuch

Lernziel: Rasches, selbständiges Auffinden von Wörtern im Wörterbuch
Materialien: Tafel, Wörterbuch (hier: Wörter finden mit Taps. München 1978: Oldenbourg), Arbeitsblatt Kopiervorlage 13
Voraussetzung: Kenntnis aller Buchstaben und des Alphabets

Unterrichtsverlauf

1. Hinführung

Lehrererzählung: Uli möchte gerne eine Geschichte schreiben. Bei einigen Wörtern weiß er aber nicht, wie sie richtig geschrieben werden.
→ Die Kinder machen Vorschläge, wie er sich helfen kann, z.B.:
Mutter oder Vater fragen, in Büchern nachsehen, in der Schule fragen...
Impuls: Ein Buch, in dem man nachsehen kann, hat einen bestimmten Namen.
→ Wörterbuch, Lexikon,...
Zielangabe und Tafelanschrift:
Wir suchen Wörter im Wörterbuch.

2. Erarbeiten der Technik des Nachschlagens

Die Kinder nehmen das Wörterbuch zur Hand.
a) *Ordnung der Buchstaben*
Impuls: Die Wörter im Buch sind geordnet.
→ Sie sind nach dem Abc geordnet. Die Kinder blättern, überprüfen, wiederholen dabei das Abc, nennen die Seitenzahlen bei einigen Buchstaben.
b) *Detaillierte Einteilung nach Buchstabengruppen*
Impuls: Du weißt, daß auch der zweite Buchstabe wichtig ist.
→ Auch die zweiten Buchstaben sind nach dem Abc geordnet.
→ Die Kinder suchen Beispiele, lesen Teilüberschriften, z.B. Wa, We, Wi...

c) *Auffinden von Wörtern*
Lehrer: Wir wollen möglichst rasch einige Wörter finden, z.B. das Wort „Wurst". Erkläre, wie du suchst!
→ Wir suchen zuerst den Anfangsbuchstaben „W", dann schauen wir nach dem zweiten Buchstaben „Wu", dann suchen wir den dritten Buchstaben „Wur". Wir finden das Wort „Wurst" auf der Seite...in der Spalte links (Spalte 1).
→ Die Kinder suchen auf diese Weise noch weitere Wörter, die der Lehrer oder die Mitschüler vorschlagen (am besten aus dem Grundwortschatz).
d) *Fixierung der Technik*
Tafelanschrift (eingeklammerte Wörter zunächst weglassen):

> 1. Wir suchen den Anfangsbuchstaben (am Rand der Seite).
> 2. Wir suchen die beiden (ersten) Buchstaben (in den Kästchen).

→ Die Kinder füllen die Lücken sinngemäß.

3. Übung und Anwendung

Zunächst gemeinsame, dann selbständige Arbeit mit dem Arbeitsblatt.
Auftrag: Schreibe die Suchregel fertig! Suche dann die Wörter im Buch! Schreibe in den Kreis die Seitenzahl, daneben die Spalte!

| Name: | Datum: | **KV 13** |

Wir suchen Wörter im Wörterbuch

❶
1. Wir suchen den Anfangsbuchstaben ____ ____ ____ ____ .
2. Wir suchen die beiden _____ Buchstaben ____ ____ _____ .

❷ Ich spüre Wörter auf.

die Familie	◯	die Mitte	◯
tragen	◯	zahlen	◯
das Haar	◯	verlieren	◯
der September	◯	gleich	◯
jeder	◯	der Berg	◯

❸ Suche diese Wortanfänge im Buch und schreibe sie fertig!

Lek....	◯	dreh..	◯
Tele...	◯	neh...	◯
bef.....	◯	stram....	◯

Die häufigsten Wörter unserer Sprache

Lernziele: Erkennen der Häufigkeit von Wörtern;
Beherrschen der Schreibweise der häufigsten Wörter (= Strukturwörter)
Materialien: Wortkarten, Tafelanschrift, Arbeitsblatt Kopiervorlage 14

Unterrichtsverlauf

1. Erkennen der Häufigkeit bestimmter Wörter

Lehrer: Von Paul und Eva habe ich eine Geschichte aufgeschrieben.
Tafelanschrift: Text vom Arbeitsblatt Nr. ❷
→ Der Text wird gelesen und inhaltlich kurz besprochen.
Zielangabe: Wir werden heute die Wörter üben, die man beim Schreiben immer wieder braucht.
Impuls: In unserer Geschichte findest du viele Wörter, die in allen Geschichten immer wieder vorkommen.
→ Die Kinder suchen die Wörter heraus (z. B. ein, eine, einen, das, die...) und kreisen sie an der Tafel ein.
Impuls: In unserer Geschichte gibt es auch Wörter, die nur in wenigen Geschichten vorkommen. Die Kinder suchen entsprechende Wörter (z. B. Spielfiguren, Steinchen...).
Impuls: Daß manche Wörter in Geschichten immer wieder gebraucht werden, hat bestimmt einen Grund.
→ Die Kinder begründen.

2. Üben der Schreibweise der häufigen Wörter

Lehrer: Paulchen hat sich unsere Sprache genau angeschaut. Er hat herausgefunden, welche Wörter in unserer Sprache am häufigsten gebraucht werden. Diese Wörter habe ich für euch aufgeschrieben.

Arbeit im Sitzkreis
Die Wortkarten (s. Arbeitsblatt Nr. ❶) liegen verdeckt am Boden. (Anmerkung: Die in Druckschrift geschriebenen Wörter gehören zum Grundwortschatz des 1. Schuljahrs.) Die Kinder nehmen nacheinander je eine Wortkarte und lesen das Wort vor, bis schließlich keine Karte mehr ausliegt.
Impuls: Da wir diese Wörter so oft brauchen, müssen wir uns besonders gut merken, wie sie geschrieben werden.
Auftrag: Lies deine Wörter vor! Dein Nachbar baut sie auf. Befestige deine Wörter dann an der Tafel! ...
Sicherung: Arbeitsblatt Nr. ❶
Auftrag: Prüft jetzt nach, ob ihr am Anfang der Stunde *alle häufigen Wörter* in der Geschichte gefunden habt!
→ Die Kinder kreisen die noch fehlenden Wörter an der Tafel ein.
Impuls: Wie wichtig diese Wörter sind, wirst du sehen, wenn du sie jetzt in der Geschichte zählst.
Die Kinder lösen die Aufgabe ❷ auf dem Arbeitsblatt.

3. Weitere Übungen

Arbeitsblatt Nr. ❸ und ❹
(Die Aufgabe Nr. ❹ ist als Zusatzaufgabe gedacht.)

Die häufigsten Wörter unserer Sprache

Diese Wörter brauche ich beim Schreiben immer wieder!

> **die** der **und** in zu **den** das *nicht von* sie **ist**
> *sich* **mit** *dem* **er es** *ein* **ich auf so** *eine auch*
> *an* **nach** *im* **für** *aber* **aus** *nur* **war** *werden bei*
> **hat wir was** *um sein einen* **sind** *oder*

1 Fahre Druck- und Schreibschrift mit zwei verschiedenen Farbstiften nach!

2 Suche die häufigen Wörter in der Geschichte!
Fahre sie farbig nach

> *Paul ist bei Eva. Sie holen einen*
> *Stift, ein Blatt und eine Schere.*
> *Sie basteln ein Spiel. Eva hat eine*
> *Idee. Sie sagt: „Ich hole nur schnell*
> *Steinchen aus dem Garten. Das*
> *sollen die Spielfiguren werden!"*

Wie viele häufige Wörter findest du? ☐

Wie viele Wörter sind noch da? ☐

3 Suche die häufigen Wörter! Fahre farbig nach!

```
S D A S T J N S J N D L B W A S G O D E R J S T S Z U
W E R D E N Z S R U N D E J N E N C E A U C H X
Z A H L B E J N J C H T K G A B E R S E J N F H A T
P S J C H L A N P A U L A U F R D E R S J F Ü R
```

4 Schreibe zwei Sätze auf! Unterstreiche die häufigen Wörter!

Nicht alle Buchstaben sind auch zu hören

Lernziele: Erkennen, daß unsere Schrift nicht immer lautgetreu ist;
Kennenlernen der gedehnten und der kurzen Sprechweise von Lauten
Materialien: Bilder, Wortkarten, Symbolbilder, Arbeitsblatt Kopiervorlage 15, Spielvorlage (S. 34)

Unterrichtsverlauf

1. Einstieg und Sprachbegegnung

Lehrer: Paulinchen Schlau hat von einigen Lernwörtern Bilder gemalt.
Folgende Bilder werden aufgehängt: Brief, Himmel, Messer, Rücken, Haar, Schnee, Hose, Mark.

2. Sprachreflexion

Lehrer: Als sie die Wörter schreiben wollte, ist ihr etwas aufgefallen. Zuerst hat sie nämlich gezählt, wie viele verschiedene Laute sie bei jedem Wort hören kann.
Auftrag: Mache für jeden Laut, den du hörst, einen Punkt!
Tafelbild:

Lehrer: Dann hat sie die Wörter abgeschrieben und die Buchstaben gezählt.
→ Die Kinder ordnen die entsprechenden Wortkarten an der Tafel zu und zählen die Buchstaben.
→ Die Zahl der Buchstaben und der Laute ist nicht gleich. Oft gibt es mehr Buchstaben als Laute.
Impuls: Paulinchen hat gedacht: „Bei vielen Wörtern muß ich beim Schreiben besonders gut aufpassen!" → ...
Tafelanschrift: Ich kann nicht immer alle Buchstaben genau hören.
Sicherung: Arbeitsblatt Nr. ❶: Für jeden Laut einen Punkt zeichnen, darunter die Wörter aufschreiben.

3. Ordnen der Wörter nach langem und kurzem Selbstlaut

Lehrer: Paulinchen hat die schwierigen Wörter noch einmal gelesen. („Hose" und „Mark" werden weggenommen.)
Sie hat gedacht: „Hören kann ich die zwei mm bei „Himmel" und das e bei „Brief"... nicht. Vielleicht haben diese Buchstaben aber doch eine Aufgabe."
→ Die Wörter werden lang oder kurz gesprochen. Die Symbolkarten für „kurz" und „lang" (s. Arbeitsblatt Nr. ❷) werden aufgehängt.
→ Die Kinder ordnen die Wortkarten zu. Die Wörter werden dabei noch einmal gelesen und betont kurz oder lang gesprochen. Das Sprechen wird durch Gestik unterstützt.
Lehrer: Paulinchen hat noch mehrere solche Wörter gefunden.
→ Die Kinder lesen Arbeitsblatt Nr. ❷.
Auftrag: Ordne die Wörter ein!

4. Partnerspiel zum Einprägen der Wortbilder

Die Partner helfen beim Ausschneiden des Dominospiels zusammen.
Auftrag: Du darfst erst anlegen, wenn du gesagt hast, welche Buchstaben du dir bei dem Wort besonders gut merken mußt.
Alternative: Aus der Spielvorlage wird ein Memory-Spiel hergestellt.

Ich kann nicht immer alle Buchstaben hören!

1

L
B

L
B

L
B

Laute
Buchstaben

L
B

L
B

L
B

2 kurz   lang

Ordne ein!

Papier   Kasse   Glück   Tier   Puppe

Wasser   Wohnung   Müll

3 Erkennst du die Wörter?

..mm..   .aa.   ....ee   ..ie.   ...ck

...ie.   ..ss..   ..ss.   .ie.   ..pp.

.oh....   ..ss..   ..ll   ..ck..

Kurze und lange Selbstlaute

Lernziele: Unterscheiden von langen und kurzen Selbstlauten; Einprägen von Lernwörtern
Materialien: Silbenkarten, Bilder (s. Arbeitsblatt Kopiervorlage 16, Nr. ❷), Arbeitsblatt Kopiervorlage 16
Voraussetzungen: Unterrichtseinheit S. 35; Kennen der Begriffe *Tunwort, Selbstlaut, Mitlaut* und *Doppelmitlaut*

Unterrichtsverlauf

1. Sprachbegegnung

Lehrer: Paulchen Schlau sagt zu Paulinchen: „Ich habe Tunwörter gefunden, bei denen ich nicht alle Buchstaben hören kann. Ich habe für dich ein Silbenrätsel aus ihnen gebastelt."
Die Silben (s. Kopiervorlage 16 oben) werden an der *Tafel* befestigt.
→ Die Kinder setzen daraus die folgenden Wörter zusammen: spielen, fassen, fliegen, kennen, bitten, fallen, kommen, brennen, lieben, hoffen, nehmen, können.

2. Unterscheiden von langen und kurzen Selbstlauten

Aufträge: Schaue die Wörter genau an! Sprich sie leise! Überlege dir, welche Buchstaben du nicht hören kannst!
→ Die Kinder sprechen über die Wörter.
Impuls: Die Symbolkarten für „kurz" und „lang" (s. S. 36) werden an der Tafel befestigt.
Die Kinder ordnen die Wörter.
Impuls: In den Wörtern wird nur ein ganz bestimmter Laut lang oder kurz gesprochen.
→ Der Selbstlaut.
Aufträge: Mache unter einen kurzen Selbstlaut einen roten Punkt! Mache unter jeden langen Selbstlaut einen grünen Strich!
Sicherung: Die Kinder setzen die Silben selbständig zusammen und bearbeiten die Aufgabe ❶ auf dem Arbeitsblatt.

Übungsmöglichkeiten zum Einprägen der Wörter:
– Manche Wörter kannst du gut vorspielen. Wer das Wort erraten hat, darf es aufbauen.
– Nenne von einem Wort nur so viele Buchstaben, daß es die anderen erraten können!

3. Sprachanwendung: Bilden von Sätzen

Lehrer: Mit diesen Tunwörtern können wir uns kurze Sätze ausdenken.
Die Bilder (s. Arbeitsblatt Nr. ❷) werden aufgehängt.
Auftrag: Suche ein passendes Tunwort aus!
→ Die Kinder ordnen die Wortkarten zu und bilden Sätze, z.B.: Ein Vogel fliegt durch die Luft.
Impuls: Unser Tunwort hat sich jetzt verändert.
→ Das „en" verschwindet, wir brauchen ein „t" am Schluß.
Auftrag: Bei dem Tunwort sind viele Buchstaben auch gleich geblieben. Kreise ein, was gleich bleibt!
Impuls: Zwei Tunwörter verändern sich nicht nur am Schluß! → nehmen – nimmt, fallen – fällt
An der Tafel werden zwei Satzbeispiele aufgeschrieben.
Einzelarbeit: Arbeitsblatt Nr. ❷
Zusatzaufgabe: Überlege dir auch Sätze zu den anderen Tunwörtern! Dein Lernwörterheft hilft dir dabei.

spie	fas	sen	flie	fen	ken	bit	ten
len	fal	len	nen	kom	bren	gen	nen
lie	neh	ben	men	hof	men	kön	nen

Schneide die Silben aus und bilde Wörter!

Name: _____ Datum: _____ **KV 16**

Kurze und lange Selbstlaute

1 Schreibe die Wörter auf!
Mache unter einen kurzen Selbstlaut einen roten Punkt!
Mache unter einen langen Selbstlaut einen grünen Strich!

Fahre alle Doppelmitlaute gelb nach!

2 Suche Sätze!

Feuer   Vogel   Apfel   Kind

Wir trennen Wörter mit Doppelmitlauten

Lernziel: Richtiges Trennen von Wörtern mit Doppelmitlaut
Materialien: Tafelanschrift, Wortkarten, Schere, Arbeitsblatt Kopiervorlage 17
Voraussetzungen: Kennen des Begriffs *Doppelmitlaut;*
Wissen, daß Wörter nach Silben getrennt werden, und daß jede Silbe einen Selbstlaut hat

Unterrichtsverlauf

1. Sprachbegegnung

Lehrer: Stefan hat sich einen Abzählvers ausgedacht. Der Abzählvers wird als *Tafelanschrift* gezeigt und gelesen.
Lehrer: Als Stefan mit dem Dichten fertig war, lief er zu Paulchen. Er sagte: „Mir gefällt mein Vers gut, aber bei manchen Wörtern weiß ich nicht, wie ich sie zerteilen soll."

2. Arbeit an den Wörtern aus dem Text

→ Die Kinder suchen die Wörter heraus. Die Wortkarten Himmel   Sonne   Wonne werden an der Tafel befestigt.
Impuls: Bei diesen Wörtern ist etwas gleich.
→ Sie haben zwei gleiche Mitlaute hintereinander.
Lehrer: Paulchen gab Stefan einen Rat: „Sprich die Wörter so, daß du jeden Buchstaben hören kannst! Dann hörst du auch, wie du die Wörter zerteilen sollst."
→ Die Kinder sprechen die Wörter, klatschen dazu und zerschneiden die Wortkarten zwischen den Doppelmitlauten.
Impuls: Jetzt kann Klaus seinen Abzählvers richtig sprechen.

→ Die Kinder sprechen und klatschen den Abzählvers und führen das Abzählen auch aus.
Sicherung: Die Kinder tragen die Silbenbögen auf dem Arbeitsblatt ein.

3. Übung mit weiteren Wörtern aus dem Grundwortschatz

Lehrer: Du weißt jetzt, wie du die Wörter mit Doppelmitlauten beim Schreiben trennen mußt.
→ Wir trennen zwischen den Doppelmitlauten.
Die Aussage der Kinder wird als *Tafelanschrift* festgehalten.
Folgende Wörter (s. Arbeitsblatt Nr. ❶) werden an der Tafel befestigt:
 irren   müssen   Zimmer   schnell   messen
Auftrag: Trenne die Wörter an der richtigen Stelle!
→ Die Kinder zerschneiden die Wörter und schreiben sie getrennt an die Tafel.
Feststellung: Das Wort „schnell" können wir nicht trennen. Es hat nur einen Selbstlaut.
Übung und Anwendung:
Die Kinder bearbeiten in Einzelarbeit die Aufgaben ❶ und ❷ des Arbeitsblatts.
Zusatzaufgabe zur Differenzierung: Aufgabe Nr. ❸

Name: _____ Datum: _____ **KV 17**

Wir trennen Wörter mit Doppelmitlauten

*Am Himmel scheint die Sonne,
das sehe ich voll Wonne.
Schnell lauf' ich aus dem Haus,
und du bist aus.*

Trage die Silbenbögen ein!

❶ So trennen wir Wörter mit Doppelmitlaut: Zimmer, schnell, Herr, irren, müssen, Himmel, Wasser, trennen, Sonne, messen

Trenne mit einem Strich und schreibe getrennt auf!

ir-ren

❷ Setze die Silben zu Wörtern zusammen!

Mit, men, rol, hen, len, stel, sen, wis, kom, te, len, nen

❸ Verändere die Tunwörter so, daß sie einsilbig werden.

rollen – rollt

Aufgepaßt! Ordne richtig zu: muß, mißt, weiß!

Die Groß- und Kleinschreibung von Wörtern

Lernziele: Üben des Erkennens von Namenwörtern; Einprägen von Lernwörtern
Materialien: Folie, Arbeitsblatt Kopiervorlage 18
Voraussetzung: Kennen der Begriffe *Namenwort und Begleiter*

Unterrichtsverlauf

1. Sprachbegegnung

Lehrer: Paulinchen hat sich für Paulchen ein Wörterrätsel ausgedacht. Das Wörterrätsel wird als *Folie* gezeigt.
→ Die Kinder äußern sich dazu.
Lehrer: Du kannst das Rätsel sicher auch lösen. Erkläre, was du tun mußt!
→ Die Arbeitsweise wird erklärt.
Lehrer: Im Wörterrätsel werden die Buchstaben anders als sonst geschrieben.
→ Sie werden alle g r o ß geschrieben.
Zwei Beispiele werden gemeinsam an der Folie gelöst. Die Wörter ERDE und FLÜGEL werden eingetragen. Die benötigten Buchstaben werden aus dem „Sack geholt". Die anderen Rätsel lösen die Kinder in Partnerarbeit.
Kontrolle an der Folie
Auftrag: Lies ein Rätsel vor und rufe ein Kind auf, das das Wort einträgt!
Die Wörter WAGEN, FRAGEN, GESUND, REICH, IGEL, REIHE und MELDEN werden eingetragen.

2. Ordnen der Wörter nach Groß- und Kleinschreibung

Lehrer: Paulchen hat das Rätsel auch gelöst. Dann hat er Paulinchen eine Aufgabe gestellt: „Kannst du herausfinden, welche Wörter wir am Wortanfang immer groß schreiben müssen?" Paulinchen hat kurz nachgedacht. Dann hat sie vor einige Wörter ein kleines Bild gemalt.

→ Die Kinder suchen die Wörter heraus und malen vor die Wörter im Wörterrätsel passende Bilder.
Impuls: Die Wörter, die man gut malen kann, haben einen Namen.
→ Es sind Namenwörter.
Impuls: Paulinchen hätte nicht unbedingt malen müssen, sie hätte vor die Wörter auch etwas schreiben können!
→ Sie hätte die Begleiter vor die Wörter schreiben können.
→ Die Kinder schreiben die Begleiter vor die Wörter.
Lehrer: Du weißt jetzt auch, welche Wörter am Anfang groß oder klein geschrieben werden. Ordne jetzt auf deinem Blatt die Wörter und schreibe sie in Schreibschrift richtig auf!
Die Kinder bearbeiten die Aufgaben ❷ und ❸ auf dem Arbeitsblatt.

3. Abschließende Übung

Der Lehrer nennt verschiedene Wörter aus dem Grundwortschatz. Wenn die Kinder ein Namenwort hören, nennen sie den Begleiter und machen sich groß. Bei den anderen Wörtern machen sie sich klein.

Groß oder klein?

1

Darauf leben wir.
Der Vogel braucht sie zum Fliegen.
Er hat vier Räder und wird gezogen.
Das tust du, wenn du etwas wissen willst.
Das Gegenteil von krank.
Wer viel Geld hat, ist ...
Ein Tier mit vielen Stacheln.
Wenn viele Kinder hintereinanderstehen, sind sie eine ...
Das tust du, wenn du in der Schule etwas sagen willst.

Diese Buchstaben brauchst du! Male das Lösungswort!

2 Namenwörter: Male und schreibe mit dem Begleiter auf!

3 andere Wörter

Die Einzahl – Mehrzahl – Maschine

Lernziel: Üben der Mehrzahlbildung bei Lernwörtern
Materialien: Folie, Folienwörter, Arbeitsblätter Kopiervorlagen 19 und 20, Wortkarten für die Gruppenarbeit
Voraussetzung: Kennen der Begriffe *Mehrzahl und Einzahl*

Unterrichtsverlauf

1. Hinführung

Lehrer: Paulchen Schlau hat sich eine Maschine ausgedacht, die er manchmal gut gebrauchen könnte.
Die „Mehrzahlmaschine" wird als Folie aufgelegt, die Wörter sind ausgeschnitten.
→ Die Kinder erzählen zu der Maschine.
Auftrag: Gib der Maschine einen Namen! (Paulchen kann ja die Dinge nicht nur einmal durch die Maschine laufen lassen.)
→ Es ist eine Mehrzahlmaschine.
Die Überschrift wird gezeigt.

2. Arbeit an den Wörtern

a) *Bilden der Mehrzahl*
Die Maschine kann aus einem Ding mehrere Dinge machen. In der Maschine geschieht auch etwas mit den Wörtern.
→ Sie muß die Wörter nicht verdoppeln, es genügt, wenn sie an den Wörtern etwas verändert. Die Kinder sprechen: Aus Ball wird Bälle, aus Blatt wird Blätter...
Auftrag: Laß nun immer ein Wort durch die Maschine laufen! Schreibe auf, was die Maschine verändert!
→ Die Kinder fügen die entsprechenden Buchstaben oder Umlautstriche hinzu.

Impuls: An einer Stelle hat die Maschine fast alle Wörter verändert.
→ Sie hat hinten Buchstaben angehängt.
Impuls: Bei vielen Wörtern hat sie auch innen im Wort ganz bestimmte Buchstaben verändert.
→ Sie hat die Selbstlaute verändert...
Sicherung: Arbeitsblatt Nr. ❶
b) *Bilden der Einzahl*
Impuls: Paulchens Maschine kann auch rückwärts laufen.
→ Aus mehreren Dingen wird ein Ding.
Impuls: Die Maschine hat jetzt einen anderen Namen.
→ Sie heißt Einzahlmaschine.
Kurze Gruppenarbeit: Die Gruppen bekommen Wörter (s. Arbeitsblatt Nr. ❷)
Auftrag: Überlegt euch genau, wie die Einzahlmaschine die Wörter verändert! Schneidet ab, was in der Maschine bleibt!
→ Die Kinder verändern die Wörter. Die Kinder tragen zur Kontrolle ihre Ergebnisse an der Folie ein.
Sicherung: Die Kinder bearbeiten in Einzelarbeit die Aufgaben ❷ und ❸ auf dem Arbeitsblatt.

Anschlußstunde: Die Verkleinerungsmaschine
Impuls: Paulinchen hat sich eine Maschine ausgedacht, die sie beim Spielen mit dem Puppenhaus gut gebrauchen könnte.

Name: _____ Datum: _____ **KV 19**

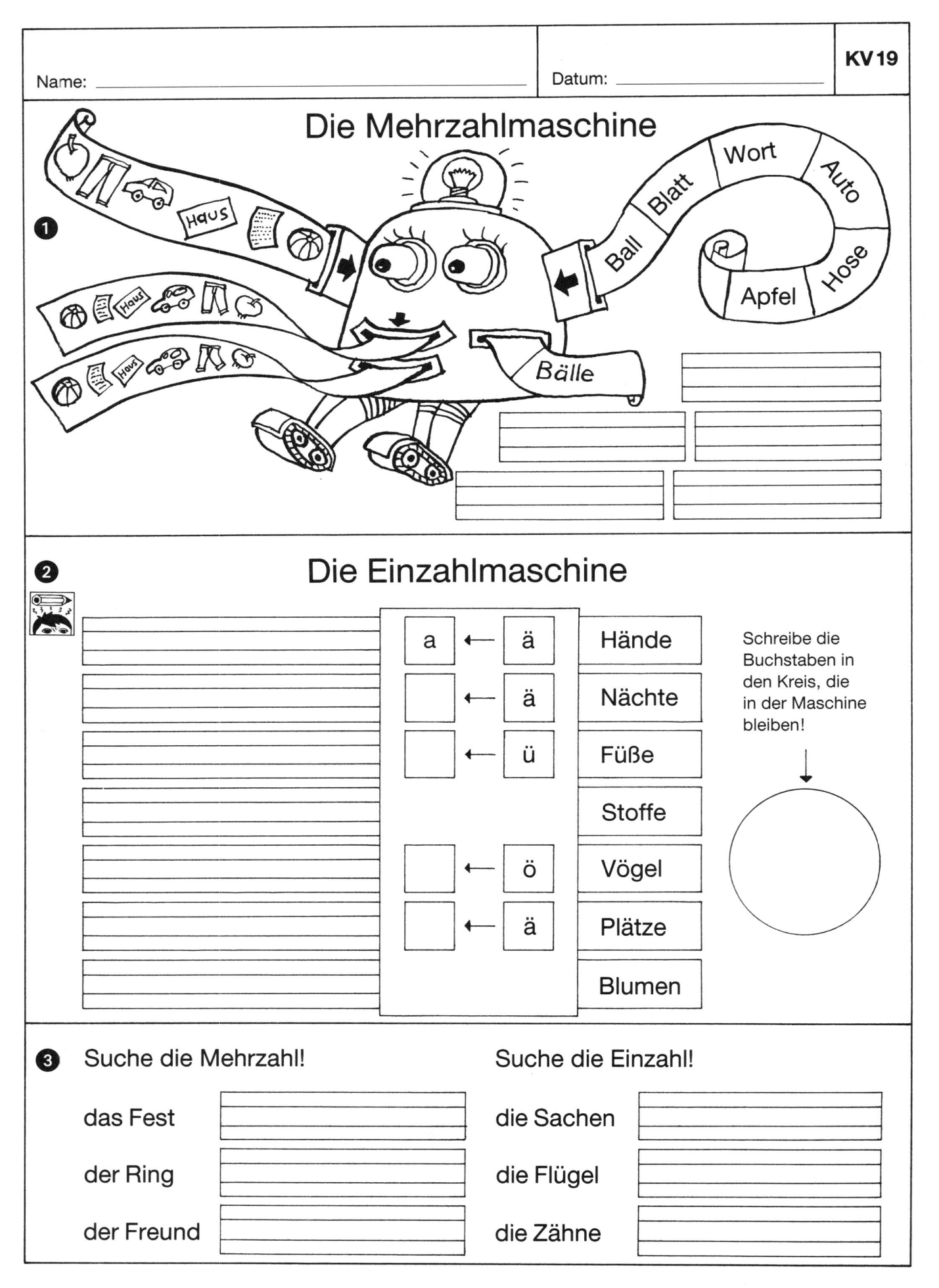

Die Mehrzahlmaschine

❶

Die Einzahlmaschine

❷

a	←	ä	Hände
	←	ä	Nächte
	←	ü	Füße
			Stoffe
	←	ö	Vögel
	←	ä	Plätze
			Blumen

Schreibe die Buchstaben in den Kreis, die in der Maschine bleiben!

❸ Suche die Mehrzahl!   Suche die Einzahl!

das Fest _____   die Sachen _____

der Ring _____   die Flügel _____

der Freund _____   die Zähne _____

Name: _____ Datum: _____ **KV 20**

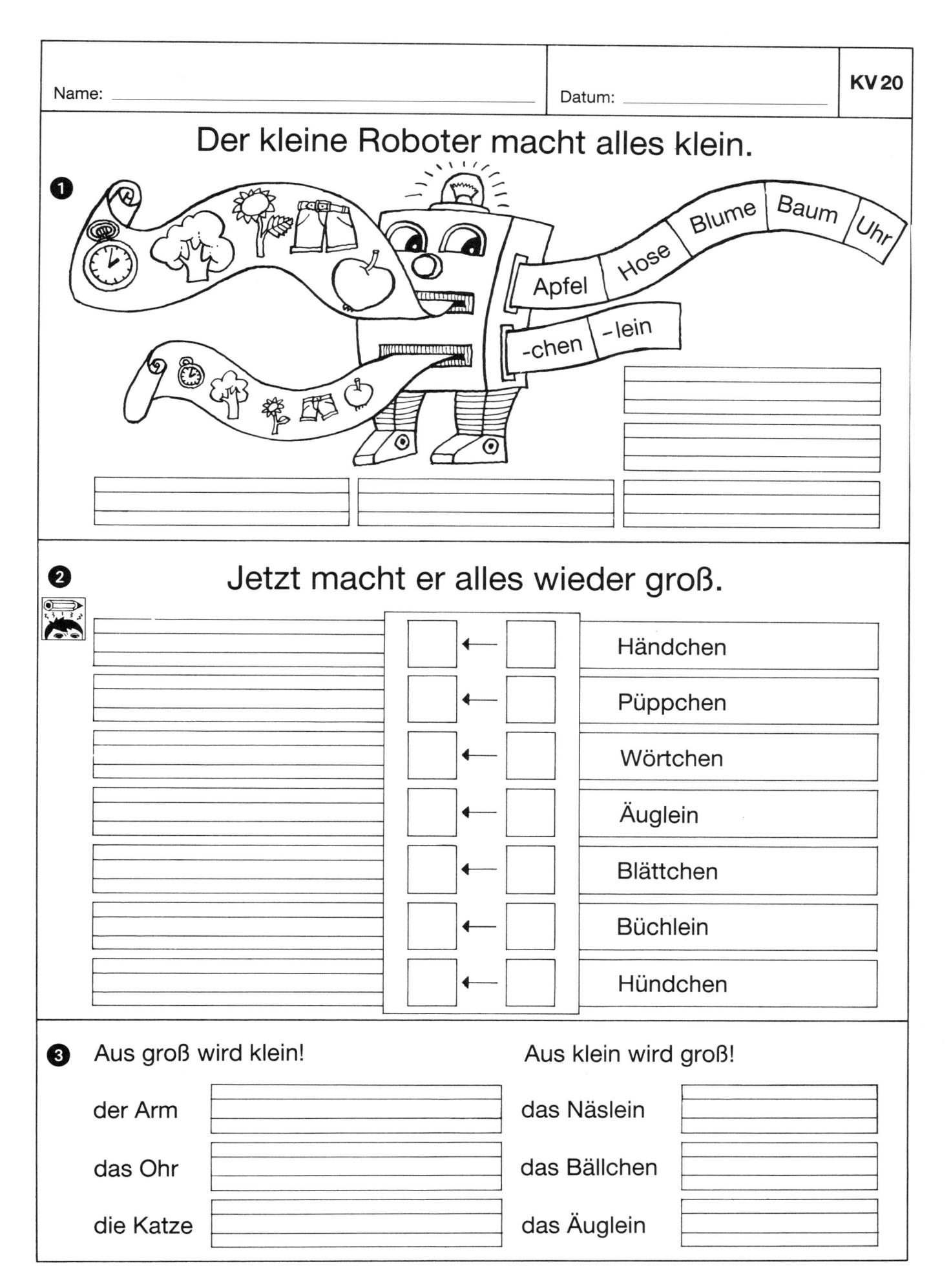

Der kleine Roboter macht alles klein.

❶

Apfel, Hose, Blume, Baum, Uhr

-chen -lein

❷ Jetzt macht er alles wieder groß.

←		Händchen
←		Püppchen
←		Wörtchen
←		Äuglein
←		Blättchen
←		Büchlein
←		Hündchen

❸ Aus groß wird klein!   Aus klein wird groß!

der Arm _____   das Näslein _____

das Ohr _____   das Bällchen _____

die Katze _____   das Äuglein _____

Wir setzen Namenwörter zusammen

Lernziel: Beachten der Veränderungen beim Zusammensetzen von Namenwörtern
Materialien: Folie, Folienwortkarten, Arbeitsblatt Kopiervorlage 21, Schere
Voraussetzung: Kennen des Begriffes *zusammengesetztes Namenwort*

Unterrichtsverlauf

1. Sprachbegegnung

Lehrer: Die Klasse 2b hat ein Fest gefeiert. Was dort geschehen ist, habe ich aufgeschrieben.
Der Text (s. Arbeitsblatt S. 47) wird als Folie aufgelegt.
→ Die Kinder lesen den Text.

2. Arbeit an den Wörtern

Impuls: Manche Wörter haben die Geschichte lustig gemacht.
Die Wortkarten werden aufgelegt.
Impuls: Diese Wörter haben einen Namen.
→ Es sind zusammengesetzte Namenwörter.
Lehrer: Ihr könnt mir sicher sagen, was Kasper durcheinandergebracht hat.
→ Er hat die Namenwörter vertauscht.
Impuls: Die Kinder wollten wissen, was es wirklich zu essen und zu trinken gab!
→ Wir müssen die Wörter richtig zusammensetzen.
Auftrag: Sucht alle Namenwörter, die in den zusammengesetzten Wörtern stecken!
→ Die Kinder zerschneiden die Wörter.
Impuls: Manche Wörter sind jetzt nicht mehr richtig geschrieben.
→ Wenn Namenwörter alleine stehen, müssen sie groß geschrieben werden.
Die Wortkarten werden ausgewechselt.

Auftrag: Setzt die Wörter jetzt richtig zusammen!
→ Jetzt brauchen wir wieder die Wörter mit den kleinen Anfangsbuchstaben. Die Kinder setzen die Wörter sinnvoll zusammen und lesen den Text noch einmal.
Sicherung: Die Kinder bearbeiten die Aufgaben ❶ und ❷ auf dem Arbeitsblatt.

3. Übung mit den Wörtern aus dem Grundwortschatz

Lehrer: Dieses Spiel haben die Kinder beim Klassenfest gespielt.
Die Fische werden ausgeschnitten aufgelegt.
Auftrag: Angle immer zwei zusammenpassende Wörter! Sage das neue Wort, das entsteht!
→ Die Kinder legen immer zwei Fische nebeneinander.
Lehrer: Die Kinder haben die Wörter auch aufgeschrieben.
→ Die Kinder schreiben die Wörter auf.
Auftrag: Erkläre, worauf du beim Schreiben achten mußt!
→ Das zweite Namenwort wird klein geschrieben. Manchmal wird ein Buchstabe eingeschoben.
Auftrag: Fahre farbig nach, was sich geändert hat!
Sicherung: Arbeitsblatt Nr. ❸

Anschlußstunde: Spiel (s. S. 48): Wer angelt die meisten zusammengesetzten Namenwörter?

Strohlimo	Zitronenglas	Wursthalm	Saftbrötchen
Limo	Glas	Halm	Brötchen

| Name: | Datum: | **KV 21** |

Zusammengesetzte Namenwörter

Die Klasse feiert ein Fest. Der Kasper ruft: „Heute gibt es Strohlimo aus einem Zitronenglas mit Wursthalm und Saftbrötchen!" Alle lachen.

❶ Suche die einzelnen Namenwörter!

❷ Setze richtig zusammen!

❸ Angle immer zwei Wörter und schreibe auf!

das Pf... der Sch...

Seite, Pferd, Licht, Feld, Weg, Schwanz, Buch, Sonne

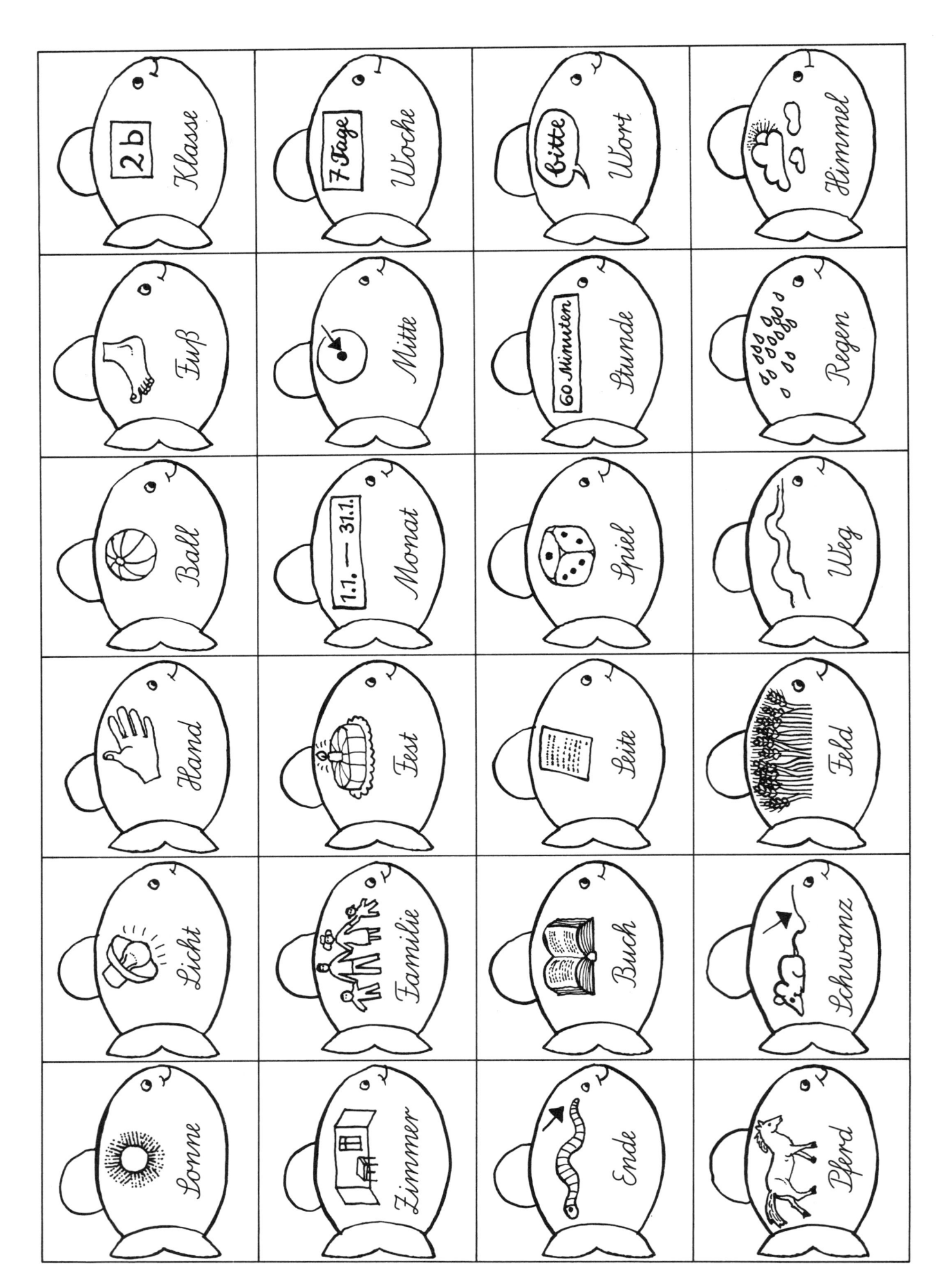

Klasse	Woche	Wort	Himmel
Fuß	Mitte	Stunde	Regen
Ball	Monat	Spiel	Weg
Hand	Fest	Seite	Feld
Licht	Familie	Buch	Schwanz
Sonne	Zimmer	Ende	Pferd

Wir planen ein Fest (Tunwörter verändern sich)

Lernziel: Kennenlernen von Tunwörtern in der Grundform sowie in der ersten und zweiten Person
Materialien: Folie, Folienbilder, Schere, Arbeitsblatt Kopiervorlage 22
Voraussetzung: Kennen des Begriffs *Tunwort*

Unterrichtsverlauf

1. Bereitstellen des Wortmaterials

Lehrer: Paul und Eva bereiten ein Kinderfest vor. Sie überlegen gemeinsam, welche Dinge sie dafür brauchen.
→ Die Kinder machen Vorschläge.
Die ausgeschnittenen Folienbilder (s. Arbeitsblatt Nr. ❶) werden aufgelegt.)
Lehrer: Danach überlegen sie, was sie alles tun müssen.
→ Die Kinder machen Vorschläge.
Die ausgeschnittenen Folienwörter (s. Arbeitsblatt Nr. ❶) werden aufgelegt.

2. Verändern der Tunwörter

Lehrer: Die Vorbereitungsarbeiten sollen gerecht verteilt werden. Jeder denkt nach, was er selbst erledigen kann. Beide überlegen sich auch, was besser der andere tun sollte.
Eva hat sich dies überlegt:
Die Folienbilder und Wörter werden folgendermaßen nebeneinander aufgelegt:

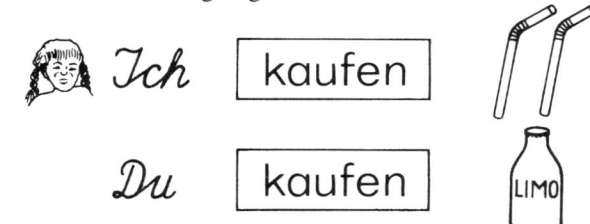

Ich | kaufen |
Du | kaufen |

→ Die Kinder lesen vor.

Feststellung: Wir müssen das Tunwort verändern. Die Kinder schneiden die überflüssigen Buchstaben ab und fügen in der 2. Person das „st" hinzu.
Lehrer: Dann hat sich Paul etwas überlegt:
Das Wort „helfen" wird in gleicher Weise verändert. Als drittes Beispiel wird das Wort „ausdenken" verändert.

3. Finden einer Regel

Impuls: Beim Verändern der Tunwörter war immer etwas gleich.
Stummer Impuls: Der Lehrer zeigt auf das Wort „Ich" und die Endung „e" und auf das Wort „Du" und die Endung „st".
→ Die Kinder erklären.
Die Merksätze (s. Arbeitsblatt Nr. ❸) werden an der Folie ergänzt:
In der *Ich-Form* enden die Tunwörter mit $\boxed{e}$.
In der *Du-Form* enden die Tunwörter mit $\boxed{st}$.
Impuls: Die unveränderte Form des Tunwortes hat auch einen Namen:
→ Die Kinder suchen nach einem Namen.
Der dritte Merksatz wird ergänzt:
In der *Grundform* enden die Tunworter mit $\boxed{n}$.

4. Sicherung und Anwendung:

Die Kinder bearbeiten in Einzelarbeit die Aufgaben ❷ und ❸ auf dem Arbeitsblatt.

Name: _____   Datum: _____   **KV 22**

Wir planen ein Fest

1

Spiele für drinnen · Einladung · holen · mitbringen · ausdenken · helfen · schreiben · kaufen · Spiele für draußen

2 Die Aufgaben werden verteilt.

① Ich _____   Du _____
② Ich _____   Du _____
③ Ich _____   Du _____
④ Ich _____ Einladung Susi   Du _____ Einladung Peter
⑤ Ich _____ Spiele   Du _____ Spiele
⑥ Ich _____   Du _____

① ② ③ ④ ⑤ ⑥

kaufen, helfen, holen, schreiben, ausdenken, mitbringen

Wir merken uns:

In der _____ enden die Tunwörter mit _____ .

In der _____ enden die Tunwörter mit _____ .

In der _____ enden die Tunwörter mit _____

Wir suchen viele Tunwörter

Lernziel: Einprägen von Tunwörtern aus dem Grundwortschatz
Materialien: Buchstabenstreifen und Schablone für die Kinder (s. S. 53), Arbeitsblätter Kopiervorlagen 23 und 24, S. 52 als Folie
Voraussetzung: Kennen der Wortart *Tunwort*

Unterrichtsverlauf

1. Zielstellung und Erklärung der Arbeitstechnik

Die Buchstabenstreifen und der Rahmen (S. 53) werden ausgeschnitten am Projektor aufgelegt.
Impuls: Wir werden heute viele Wörter entdecken.
→ Die Kinder vermuten und probieren aus.
Feststellung: Wir müssen die Buchstabenstreifen immer wieder verschieben, dann können wir von oben nach unten Wörter lesen.
Impuls: Der untere Streifen hat nur zwei Buchstaben. Er verrät dir, welche Art von Wörtern wir entdecken werden.
→ Es sind Tunwörter, Tunwörter enden in der Grundform mit „n".
Lehrer: Schau in die Mitte! Dort kannst du ohne zu verschieben mit dem Rahmen ein Tunwort zeigen.
→ Das Wort „reisen" wird gezeigt.
Die Kinder versuchen zunächst durch Probieren verschiedene Tunwörter zu finden.

2. Gezieltes Suchen nach Tunwörtern

Lehrer: Alle Tunwörter zu finden, die hier versteckt sind, ist gar nicht so leicht. Ich habe mir deshalb dazu Rätsel ausgedacht.
Die ersten vier Rätsel (s. S. 52 ❶) werden an der Folie aufgezeigt.

→ Die Kinder lesen und stellen die Lösungswörter (bleiben, tragen, treiben, bluten) mit den Streifen ein.
Lösung der weiteren Rätsel auf dem Arbeitsblatt in *Partnerarbeit:*
Aufträge:
– Schneidet die Buchstabenstreifen und den Rahmen aus! (Einfacher ist es, den Kindern einen *vorbereiteten Folienrahmen* zu geben.)
– Löse die Rätsel gemeinsam mit deinem Partner!
– Stellt das Lösungswort ein und schreibt es auf!
→ Die Kinder arbeiten gemeinsam.
Die *Purzelwörter* werden gezeigt.
Lehrer: Die Purzelwörter helfen dir, noch mehr Tunwörter zu finden. Suche die Buchstaben auf den Streifen und stelle die Wörter ein.
Einige Beispiele werden gemeinsam durchgeführt.
→ Die Kinder bearbeiten in Einzelarbeit die Aufgabe ❷ auf dem Arbeitsblatt.
Die Aufgabe ❸ ist als Zusatzaufgabe gedacht. Als Hilfestellung kann die Wörterliste verwendet werden.
Hausaufgabe: Arbeitsblatt Nr. ❹

In *Folgestunden* werden weitere Tunwörter gesucht und geübt.
Aufschreiben von Reimwörtern: binden – winden, bleiben – treiben ...

| Name: | Datum: | KV 23 |

Wir suchen viele Tunwörter!

❶ Die Rätsel helfen dir beim Suchen.

Du tust es, wenn du nicht fort gehst: _____

Das tust du mit der Büchertasche auf dem Rücken: _____

Das tut ein Schiff, wenn der Motor nicht geht: _____

Das tut eine Wunde: _____

Das tun alle Kinder in der Schule: _____

Das tust du mit dem Stift auf dem Block: _____

Das tust du, wenn du in Urlaub fährst: _____

Das tust du, wenn du krank bist: _____

Das tust du mit der Schleife: _____

Das tun deine Augen: _____

❷ Purzelwörter

(ziehen) (gehnze) (iesgen) (aehwnr) (eendsn)
(alenss) (kstoen) (ifenden) (iwssen) (waenrt) (etreten)

❸ Findest du noch andere Tunwörter?

_____
_____
_____

❹ Bilde Sätze zu den Rätseln von Aufgabe ❶!
Beispiel: Ich trage die Büchertasche auf dem Rücken.

KV 24

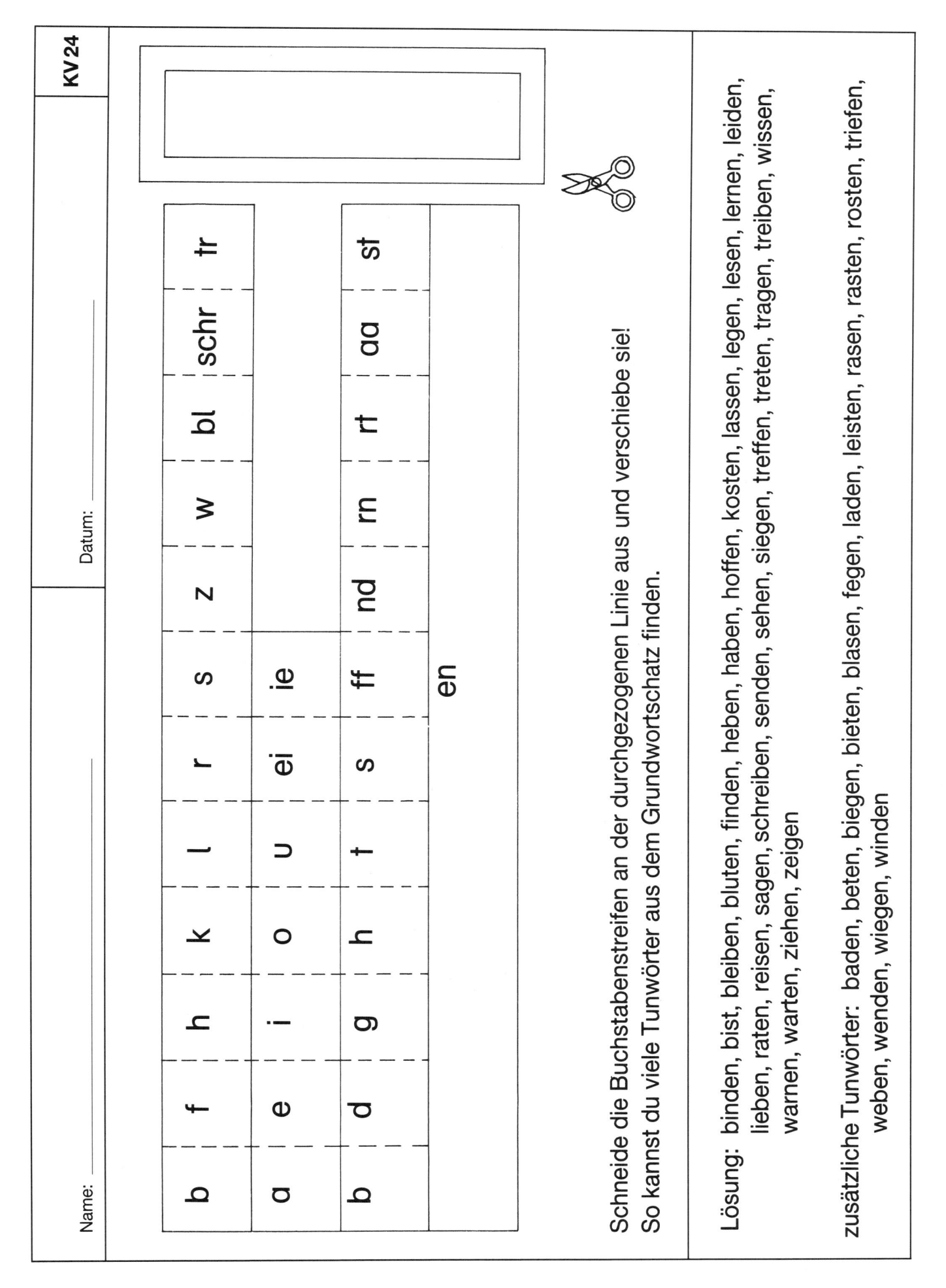

Name: _____ Datum: _____

b	f	h	k	l	r	s	z	w	bl	schr	tr
a	e	i	o	u	ei	ie					
b	d	g	h	t	s	ff	nd	rn	rt	aa	st

en

Schneide die Buchstabenstreifen an der durchgezogenen Linie aus und verschiebe sie!
So kannst du viele Tunwörter aus dem Grundwortschatz finden.

Lösung: binden, bist, bleiben, bluten, finden, heben, haben, hoffen, kosten, lassen, legen, lesen, lernen, leiden, lieben, raten, reisen, sagen, schreiben, senden, sehen, siegen, treffen, treten, tragen, treiben, wissen, warnen, warten, ziehen, zeigen

zusätzliche Tunwörter: baden, beten, biegen, bieten, blasen, fegen, laden, leisten, rasen, rasten, rosten, triefen, weben, wenden, wiegen, winden

© R. Oldenbourg Verlag GmbH, München / Prögel Praxis: Unterrichtsmaterial, Unterrichtsstunden: Deutsch für das 2. Schuljahr

Wir üben mit Wiewörtern

Lernziele: Erkennen der Endungen bei Wiewörtern; Erkennen der unterschiedlichen Stellung von Wiewörtern (prädikativer und attributiver Gebrauch)
Materialien: Folienbilder, Folienwortkarten, Satzstreifen für die Folie, Arbeitsblatt Kopiervorlage 25
Voraussetzung: Kennen der Wortart *Wiewort*

Unterrichtsverlauf

1. Begegnung mit dem Wortmaterial

Die Folienbilder und Wortkarten (s. Arbeitsblatt Nr. ❶) werden ausgeschnitten am Projektor aufgelegt.
Impuls: Zu jedem Bild paßt ein Wort.
→ Die Kinder legen rechts neben das Bild das passende Wiewort und sprechen dazu: Die Rechnung ist falsch. Das Messer ist scharf...
Impuls: Diese Wörter sagen uns etwas von den Dingen.
→ Sie sagen, wie die Dinge sind.
Impuls: Die Wörter, die die Dinge genauer beschreiben, haben einen Namen.
→ Sie heißen Wiewörter.
Sicherung: Die Kinder bearbeiten in Einzelarbeit die Aufgabe ❶ auf dem Arbeitsblatt. Kontrolliert wird durch gemeinsames Lesen. (Sprechweise s. oben)

2. Wiewörter können sich verändern

Zielangabe: Wir werden heute über die Wiewörter noch mehr lernen.
Lehrer: Paulchen Schlau hat sich Sätze ausgedacht, die zu den Bildern und Wiewörtern passen. Er hat die Sätze nicht zu Ende geschrieben.

Ein Satzstreifen, z. B. ⎡Es zieht durch das⎤, wird vor die entsprechende Bild-Wortkombination gelegt. Die Kinder lesen: Es zieht durch das Fenster offen.
→ Das Wiewort gehört jetzt vor das Wort, das es beschreibt. Das Wiewort muß verändert werden.
→ Die Kinder stellen um und hängen an das Wort „offen" das „e" an. Der Lehrer legt noch einige Satzstreifen auf. (Die Satzstreifen werden so ausgewählt, daß sie den attributiven Gebrauch des Wieworts nahelegen.)
Auftrag: Suche das passende Bild!
→ Die Kinder ordnen die Satzstreifen zu, stellen um und verändern das Wiewort.
Anwendung und Sicherung
a) *Kurzes Spiel:* Ein Kind nennt einen Gegenstand. Es ruft ein anderes Kind auf, das ein passendes Eigenschaftswort sagt und es prädikativ gebraucht. Dann wird ein Kind gerufen, das das Wort attributiv gebraucht...
b) Die Kinder bearbeiten auf dem *Arbeitsblatt die Aufgabe* ❷ in Einzelarbeit.

3. Übung mit weiteren Wiewörtern

Die Kinder bearbeiten, evtl. in der Folgestunde, die Aufgabe ❸.

Wir üben mit Wiewörtern

1 Welches Wiewort paßt? Verbinde!

scharf weit schnell still falsch offen weich selten stolz jung

2 Wiewörter können sich verändern.

Im Nest ist ein _____ Vogel.

Das ist eine _____ Rechnung.

Dort fährt ein _____ Wagen.

Ich schneide mit dem _____ Messer.

Nun spricht der _____ König.

Ich habe noch einen _____ Weg.

Es zieht durch das _____ Fenster.

Ich streichle die _____ Katze.

Ich schlafe in der _____ Nacht.

Im Zoo gibt es den _____ Tiger.

3 Suche in deiner Wörterliste Namenwörter, die zu diesen Wiewörtern passen!

| ewig | fest | frisch | wild |
| schlecht | nah | rasch | eng |

Schreibe Sätze auf! Beispiel: Die Zeit ist ewig.

Wir üben Wörter mit V

Lernziele: Einprägen aller Wörter mit V/v aus dem Grundwortschatz;
Üben mit den Vorsilben ver- und vor-
Materialien: Folie, Folienwörter, Schere, Arbeitsblatt Kopiervorlage 26

Unterrichtsverlauf

1. Bereitstellen des Wortmaterials

Das Bild des Vogels mit dem V/v im Schnabel wird ohne die Wortfragmente als Folie aufgelegt.
Impuls: Der diebische Vogel hat Buchstaben mitgenommen, die besonders gut zu seinem Namen passen.
→ Er hat das Vogel-V mitgenommen. Das Wort Vogel beginnt mit einem V.
Impuls: Von diesen Wörtern hat er das Vogel-V gestohlen.
Die Wortfragmente werden aufgelegt.
Auftrag: Bringe die Buchstaben wieder an ihren Platz zurück!
→ Die Kinder lesen und ergänzen die Wörter. Sie erklären, ob sie ein großes oder ein kleines V brauchen.

2. Erkennen der Tatsache, daß man sich V-Wörter merken muß

Impuls: Das Vogel-V kannst du leicht mit einem anderen Buchstaben verwechseln.
→ Es klingt genauso wie das Fenster-F.
Lehrer: Du kannst nicht hören, ob du ein Vogel-V oder ein Fenster-F schreiben mußt. Wie kannst du die beiden unterscheiden?
→ Wir müssen es auswendig wissen, welcher Buchstabe gebraucht wird.

Lehrer: Diese Wörter mit Vogel-V mußt du dir gut merken. Schau sie dir genau an!
→ Die Kinder prägen sich die Wörter ein.
Auftrag: Ich sage dir aus unserer Wörterliste Wörter mit Fenster-F und Vogel-V. Wenn eines von unseren Wörtern vorkommt, formst du mit den Armen ein Vogel-V.
Sicherung: Arbeitsblatt Nr. ❶

3. Üben mit den Vorsilben ver- und vor-

Die Wörter ⟨vorsingen⟩ und ⟨verstehen⟩ werden aufgelegt.
Impuls: Mit der Schere kannst du zeigen, daß in jedem Wort noch ein anderes steckt.
→ Die Kinder zerlegen die Wörter.
Impuls: Mit ⟨ver-⟩ und ⟨vor-⟩ kannst du viele neue Wörter bilden.
Die Abbildungen (s. Arbeitsblatt Nr. ❷) werden aufgelegt. Die Tunwörter sind ausgeschnitten.
Lehrer: Viele der neuen Wörter kannst du gut vorspielen! Wer das Wort erraten hat, darf es an ⟨ver-⟩ oder ⟨vor-⟩ anlegen.
→ Die Kinder setzen die Wörter zusammen.
Sicherung und Anwendung: Die Kinder lesen gemeinsam den Merkspruch.
Danach bearbeiten sie in *Einzelarbeit die Aufgaben* ❷ *und* ❸.

Name: _____ Datum: _____ **KV 26**

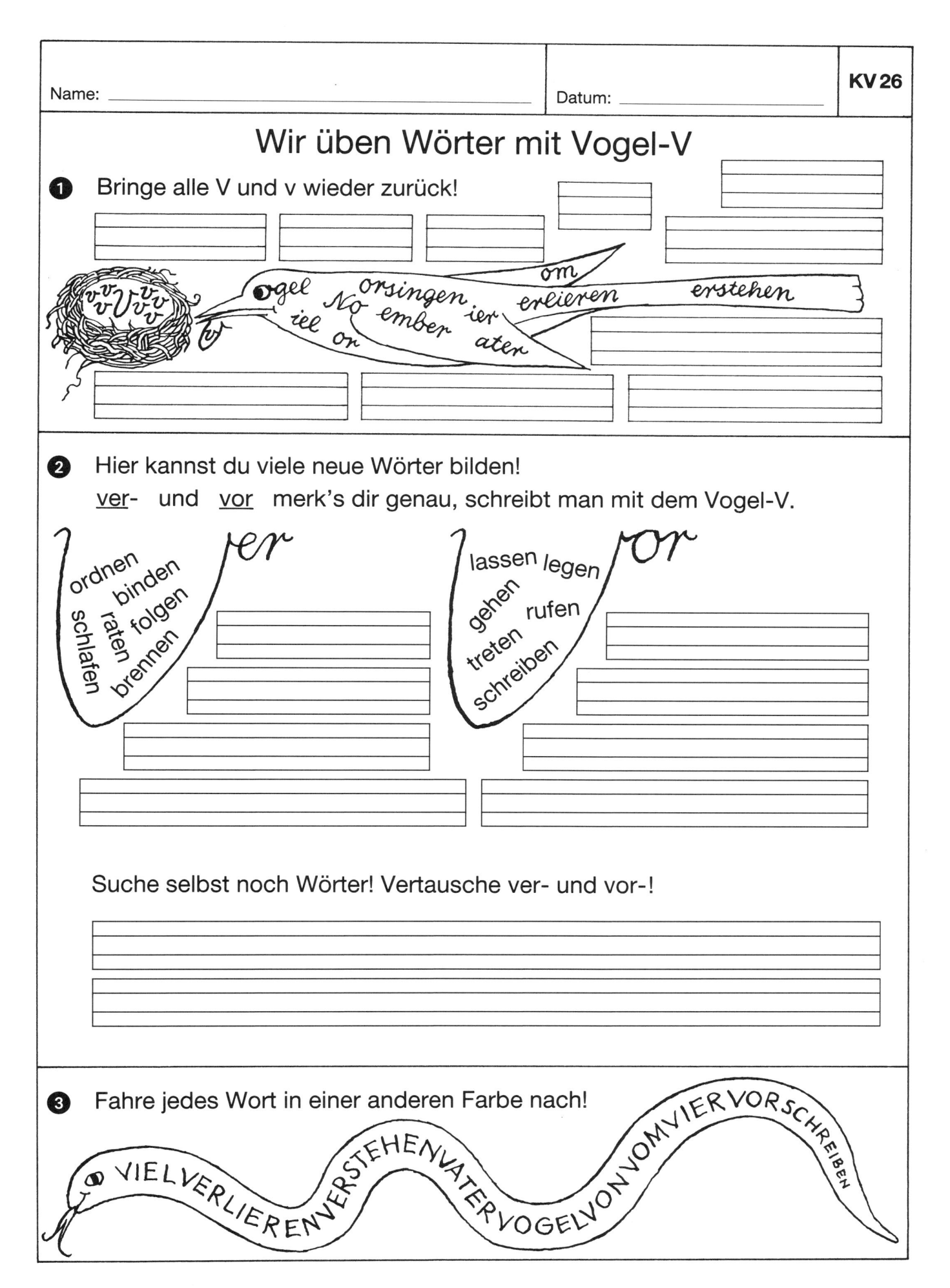

Wir üben Wörter mit Vogel-V

❶ Bringe alle V und v wieder zurück!

...ogel, ...orsingen, N...ember, ...ier, ...om, ...erlieren, ...erstehen, ...iel, ...or, ...ater

❷ Hier kannst du viele neue Wörter bilden!
   <u>ver</u>- und <u>vor</u> merk's dir genau, schreibt man mit dem Vogel-V.

er: ordnen, binden, folgen, raten, schlafen, brennen

or: lassen, legen, gehen, rufen, treten, schreiben

Suche selbst noch Wörter! Vertausche ver- und vor-!

❸ Fahre jedes Wort in einer anderen Farbe nach!

VIEL VERLIEREN VERSTEHEN VATER VOGEL VON VOM VIER VORSCHREIBEN

Tom und Doris suchen Wörter (Wörter mit D/d und T/t)

Lernziele: Unterscheiden von D/d und T/t; Einprägen von Lernwörtern
Materialien: Folie, Folienwörter, Arbeitsblatt Kopiervorlage 27

Unterrichtsverlauf

1. Bereitstellung des Wortmaterials

Tom und Doris werden vorgestellt. Ihre Gesichter und Namen werden als Folie aufgelegt.
Lehrer: **T**om und **D**oris haben sich ein Spiel ausgedacht. Beide haben Wörter gesucht, die zu den Anfangsbuchstaben ihrer Namen passen. Tom hat seine Wörter erraten lassen, Doris auch. Du kannst sicher herausfinden, wer die Rätsel gestellt hat.
Die Kinder lösen die folgenden *Rätsel* und ordnen die gefundenen Wörter (Folie) entweder Tom oder Doris begründend zu.

- Das tue ich, wenn ich etwas geschenkt bekommen habe.
- So ist das Wasser im Meer.
- Das tue ich, wenn ich ein schwieriges Rätsel lösen muß.
- Das sollte man tun, wenn man zu zweit eine Tafel Schokolade bekommt.
- Es ist das Gegenteil von Nacht.
- Es ist der letzte Monat im Jahr.
- Das tue ich mit Wörtern, wenn ich sie nicht mehr in die Zeile schreiben kann.
- Das tut der Diener beim König.

2. Arbeit an den Lauten

Lehrer: Es war nicht immer leicht zu entscheiden, ob die Wörter zu Tom oder zu Doris gehörten.
→ D/d und T/t klingen ähnlich.
Lehrer: Du kannst den Unterschied gut herausfinden, wenn du die Buchstaben besonders genau sprichst. Halte die Hand vor den Mund und achte darauf, was deine Zunge tut!
→ Die Kinder beschreiben den Unterschied und sprechen gemeinsam die Wörter noch einmal deutlich.
Sicherung: Arbeitsblatt Nr. ❶
Lehrer: Zum Üben von D/d und T/t haben sich Tom und Doris Sprechverse ausgedacht. Die Sprechverse werden gelesen und mehrmals gesprochen.

3. Anwendung und Übung

Lehrer: Ich kenne noch viele Wörter, bei denen du gut aufpassen mußt, ob du ein D/d oder ein T/t schreiben mußt. Wenn du ein T/t hörst, schreibst du es auf den Tisch. Wenn du ein D/d hörst, schreibst du es auf den Boden. – Der Lehrer spricht im Wechsel Wörter mit D/d und T/t. Anschließend bearbeiten die Kinder die Aufgabe Nr. ❸ auf dem Arbeitsblatt.
Folie mit den Lösungswörtern zu den Rätseln:

tief	Tag	trennen
teilen	Dezember	
denken	danken	dienen

Name: _____ Datum: _____ **KV 27**

Tom und Doris suchen Wörter

①

[Buchstabenkreise:]
- i e f t
- d n k a e n
- d k e e n n
- g T a
- i e l e t n
- i d e n n e
- n t r n e n e
- e D z r e m e b

② Sprich deutlich!
Im tiefen Tal tanzen tausend Tiere Tango.
Der dünne Diener und die dicke Dame gehen durch den dicken Dreck.

③ Hier findest du viele Wörter mit ⃞D d⃞ und ⃞T t⃞.
Fahre sie mit grünem und blauem Stift nach!

D	A	N	N	S	O	T	R	E	F	F	E	N
D	U	D	O	C	H	B	T	R	E	U	T	J
E	R	L	R	D	E	J	N	E	N	U	T	A
G	D	A	N	K	E	N	G	U	T	D	J	R
F	E	S	T	J	E	T	R	E	J	B	E	N
D	O	R	T	F	R	E	U	N	D	H	A	T

Schreibe die Wörter auf den Block: Wörter mit D d | Wörter mit T t
                                     ... | ...

Der kleine Roboter (Wörter mit G/g und K/k)

Lernziele: Unterscheiden von G/g und K/k; Einprägen der Lernwörter
Materialien: Folie, Arbeitsblatt Kopiervorlage 28

Unterrichtsverlauf

1. Bekanntwerden mit dem Wortmaterial

Der kleine Roboter mit der Wörterschlange wird als *Folie* aufgelegt.
Impuls: In der Wörterschlange haben sich viele Wörter versteckt.
→ Die Kinder versuchen, die Wörter zu lesen, und grenzen die einzelnen Wörter durch einen Strich ab.
Impuls: Du kannst dir vielleicht denken, welchen Auftrag der Roboter bekommen hat.
→ Er sollte Wörter mit G/g und K/k drucken.

2. Arbeit an den Lauten

Lehrer: Kaum war der kleine Roboter mit der Arbeit fertig, hat ihm jemand einen Streich gespielt.
Die G/g- und K/k-Figuren werden aufgelegt.
→ Vermutungen der Kinder
Impuls: So sahen seine Wörter nachher aus.
Die Wörter mit dem fehlenden Laut werden am Projektor aufgelegt.
Impuls: Ihr könnt sicher helfen, die Wörter wieder vollständig zu machen!
→ Die Kinder lesen die Wörter und überlegen, welcher Buchstabe fehlt.
Impuls: Es ist nicht immer leicht zu entscheiden, ob man ein G/g oder ein K/k braucht.
→ Die beiden Laute klingen ähnlich.

Auftrag: Sprich die Buchstaben besonders deutlich! Lege die eine Hand vorne an den Hals und halte die andere Hand vor den Mund!
→ Die Kinder beschreiben den Unterschied.
Lehrer: Du mußt die Wörter sehr deutlich sprechen, damit du entscheiden kannst, ob du ein G/g oder ein K/k brauchst.
Auftrag: Sprich eines der Wörter deutlich und rufe ein Kind auf, das den fehlenden Buchstaben einsetzt! Überlege dir auch, ob du einen großen oder kleinen Buchstaben brauchst!
→ Die Kinder setzen die fehlenden Buchstaben ein und lesen alle Wörter noch einmal deutlich.
Sicherung: Arbeitsblatt Nr. ❶
Auftrag: Schau oben nach, wenn du dir nicht sicher bist!

3. Anwendung und Übung

Lehrer: Ich habe noch mehr Wörter mit G/g oder K/k gesucht. Ich lese dir die Wörter vor. Hör genau zu! Fahre den passenden Buchstaben rechts neben dem Wort nach und setze ihn dann ein, z.B. Kasse (2)!
Die Kinder setzen auf dem *Arbeitsblatt Nr.* ❷ die fehlenden Buchstaben ein.
Lehrer: Male jetzt die entsprechenden Felder im Bild aus! Dann siehst du, ob du richtig gehört hast.

Name: _____ Datum: _____ **KV 28**

Der kleine Roboter druckt Wörter mit G g und K k

1

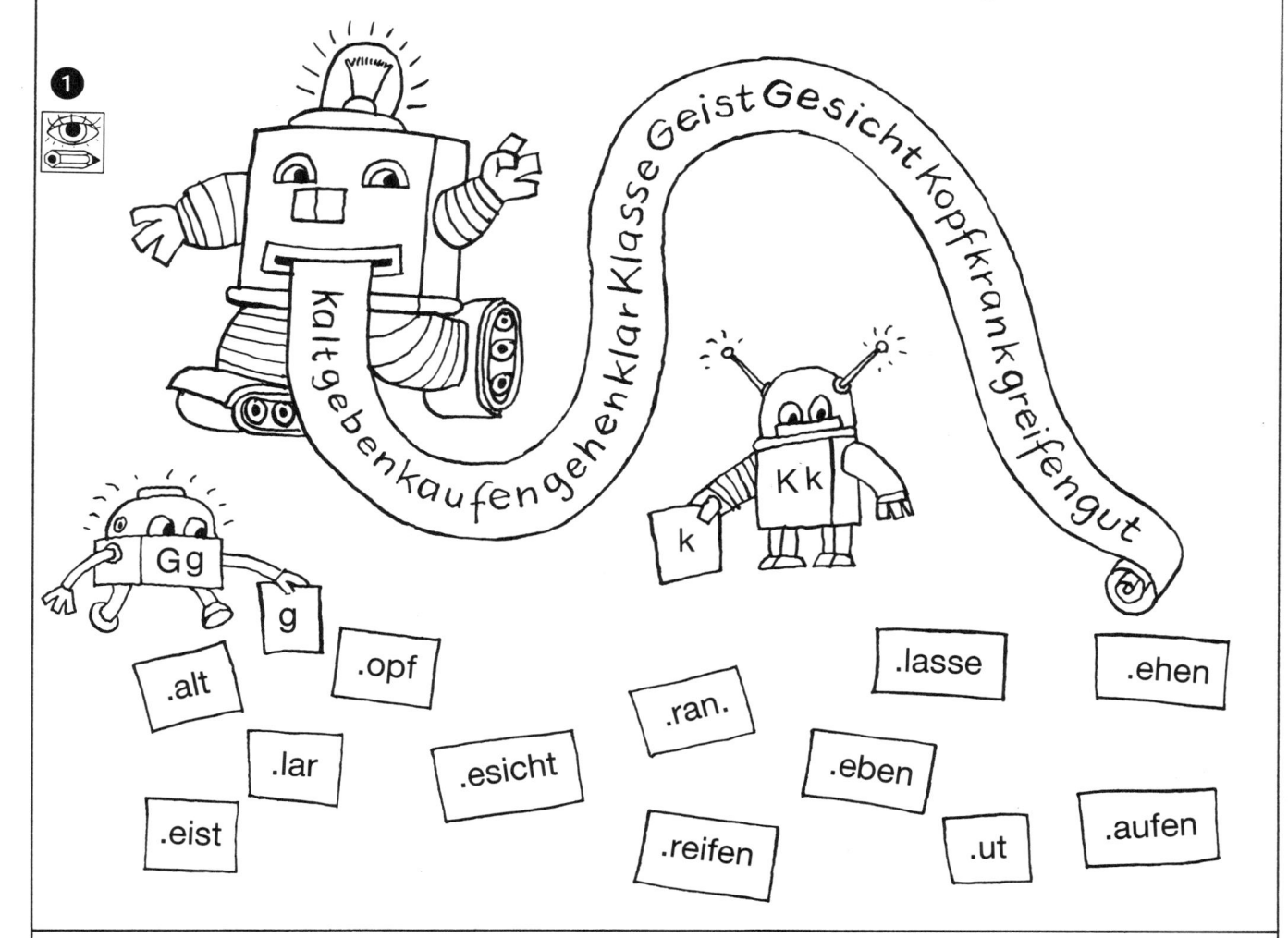

kalt geben kaufen gehen klar Klasse Geist Gesicht Kopf krank greifen gut

Gg g

.alt .opf .lasse .ehen
.lar .esicht .ran. .eben
.eist .reifen .ut .aufen

2 Hör genau! Schau in der Wörterliste nach, wenn du dir nicht sicher bist! Male die passenden Felder aus!

.asse	G^1	K^2
.osten	g^3	k^4
.estern	g^5	k^6
.ommen	g^7	k^8
.lück	G^9	K^{10}
.esund	g^{11}	k^{12}
.önnen	g^{13}	k^{14}
.leich	g^{15}	k^{16}
.ein	g^{19}	k^{18}
.ann	g^{19}	k^{20}
.öni.	K^{21} G^{22}	k^{23} g^{24}

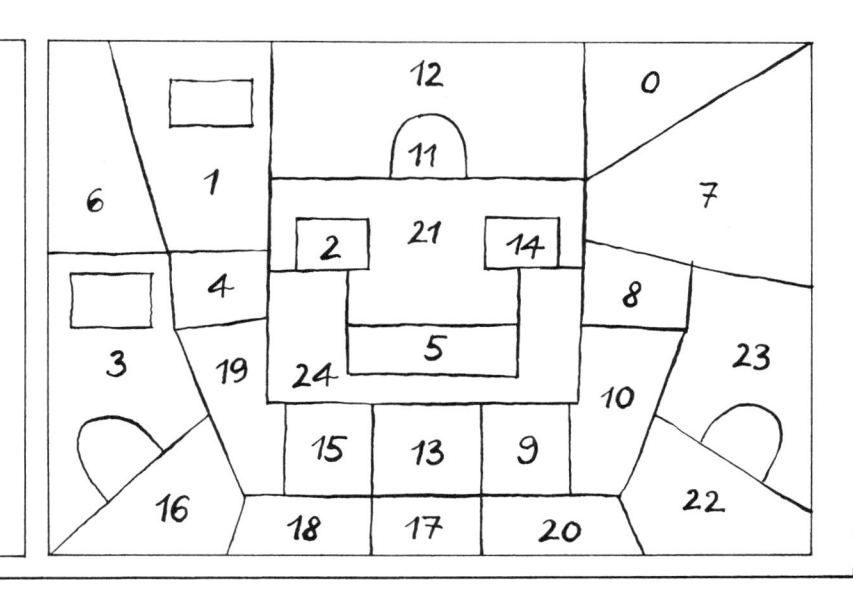

Petra schreibt einen Brief (Wörter mit B/b und P/p)

Lernziele: Unterscheiden von B/b und P/p; Einprägen der Lernwörter
Materialien: Tafelanschrift, Arbeitsblatt Kopiervorlage 29

Unterrichtsverlauf

1. Bereitstellen des Wortmaterials

Lehrer: Petra hat an ihren Opa einen Brief geschrieben. Sie hat sich große Mühe gegeben. Aber beim Schreiben hat sie zwei Buchstaben nicht unterscheiden können.
→ Die Kinder vermuten.
Lehrer: Petra ist mit ihrem Brief zu ihren Eltern gelaufen.
Der Brief (s. Arbeitsblatt Nr. ❶) steht als Lückentext an der *Tafel*.
Impuls: Du kannst sicher herausfinden, mit welchen Buchstaben Petra Schwierigkeiten hatte.
→ Sie hat B/b und P/p nicht unterscheiden können. Denn B/b und P/p klingen ähnlich.
Auftrag: Versuche, den Brief zu lesen!
→ Die Kinder lesen.

2. Arbeit an den Lauten

Lehrer: Wir wollen Petra helfen, die richtigen Buchstaben zu finden. Sprecht das Wort Petra und dann das Wort Brief!
→ Die Kinder sprechen gemeinsam.

Auftrag: Sprich das B und das P noch einmal! Halte die Hand vor den Mund, achte darauf, was deine Lippen tun!
→ Die Kinder beschreiben den Unterschied.
Lehrer: Ihr könnt jetzt Petra sicher auch helfen, den Brief fertig zu schreiben.
Auftrag: Suche dir ein Wort aus! Sprich es deutlich und rufe dann ein Kind auf, das den fehlenden Buchstaben einsetzt!
→ Die Kinder setzen die fehlenden Buchstaben ein, lesen dann den Text noch einmal und sprechen dabei besonders deutlich.
Sicherung: Die Kinder bearbeiten erst die Aufgabe ❷ und dann die Aufgabe ❶ auf dem *Arbeitsblatt*.

3. Anwendung und Übung

Lehrer: Ich habe noch mehr Wörter mit B/b oder P/p gesucht. Ich lese dir die Wörter vor. Hör genau zu! Fahre den passenden Buchstaben rechts neben dem Wort nach und setze ihn dann ein!
Die Kinder setzen auf dem *Arbeitsblatt* Nr. ❸ die fehlenden Buchstaben ein.
Lehrer: Male jetzt die entsprechenden Felder aus! Dann siehst du, ob du richtig gehört hast.

Name: _____ Datum: _____ KV 29

Petra schreibt einen Brief

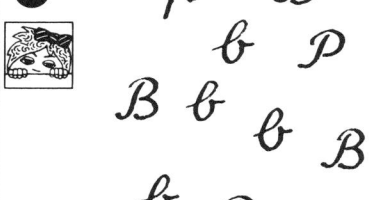

1 p B b P B b b B b P p b p b p

Lie.er O.a!
Gestern ha.en wir einen .reis gewonnen.
Wir werden mit dem .us in die .erge
fahren. Wir .lei.en .is zum A.end.
Meine neue .u..e nehme ich auch mit.
Sie .aßt sicher noch in den .us.
Ich freue mich schon sehr.
                    Deine Petra

2 Wenn du die Wörter richtig zusammensetzt, kannst du den Brief fertig schreiben!

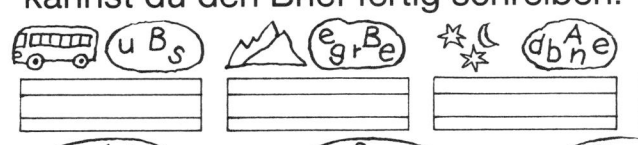

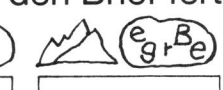

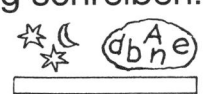

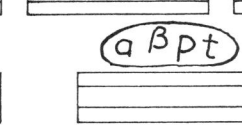

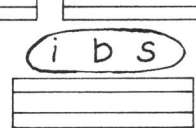

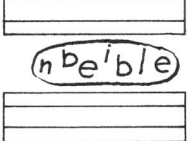

(uBs)   (egrBe)   (dbnAe)*   (uPpeP)   (aPO)   (rPies)

(rieble)   (aßpt)   (naheb)   (ibs)   (nbeible)

3 Hör genau hin und setze ein!

Fe . ruar	b¹	p²
A . ril	b³	p⁴
. luten	b⁵	p⁶
. a . ier	B⁷ P⁸	b⁹ p¹⁰
. ist	b¹¹	p¹²
Se . tem . er	b¹³ p¹⁴	b¹⁵ p¹⁶
Ökto . er	b¹⁷	p¹⁸
ar . eiten	b¹⁹	p²⁰
erlau . en	b²¹	p²²
Kas . er	b²³	p²⁴

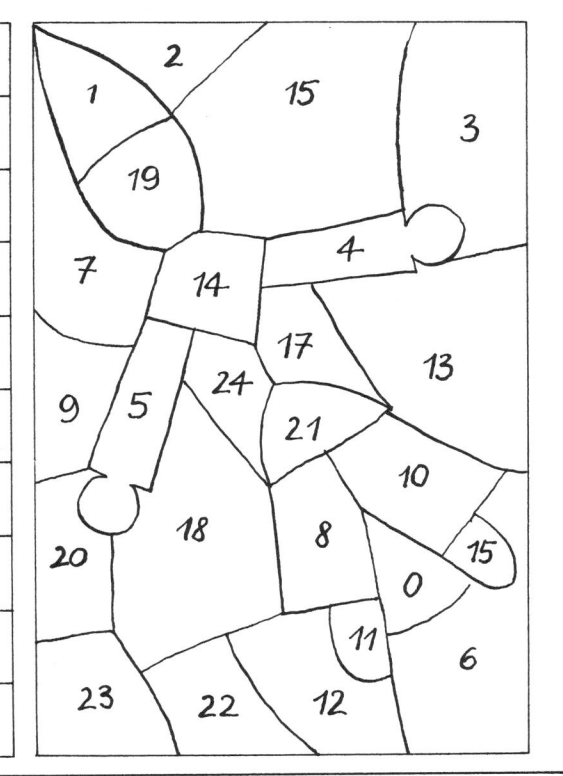

© R. Oldenbourg Verlag GmbH, München / Prögel Praxis: Unterrichtsmaterial, Unterrichtsstunden: Deutsch für das 2. Schuljahr

St, st und Sp, sp am Wortanfang sprechen wir anders als wir schreiben.

___echt   ___uhl   ___st   ___iegel   ___ift

Kno___e   ___inne   ___ielzeug

___rumpf   ___iefel

Ziel   zeigen   Katzen   Zange   vier   kalt   Ball   Wurm

Sp/sp und St/st am Wortanfang

Lernziel: Am Beispiel Sp/sp und St/st Unterschiede zwischen gesprochener und geschriebener Sprache erkennen

Materialien: Folienbilder und Wortstreifen (S. 64), Schreibblock, Wortkarten, Arbeitsblatt Kopiervorlage 30

Unterrichtsverlauf

1. Hinführung und Sprachbegegnung

Die Folienbilder werden aufgelegt.
→ Die Kinder benennen die Dinge.
Impuls: Die Wortstreifen mit Lücken werden gezeigt.

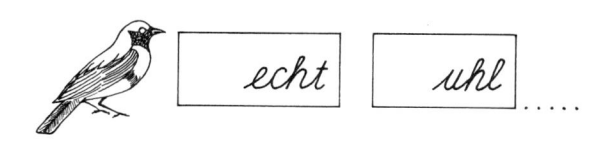

Impuls und Auftrag: Der Specht hat Buchstaben von den Wörtern weggeklopft. Trotzdem kannst du sicher jedem Bild seinen Namen zuordnen!
→ Die Kinder ordnen sprechend zu.

2. Erarbeitung

Stummer Impuls: Der Lehrer deutet auf den Wortanfang | echt | und | iefel |.
→ Da fehlt ein Sp und ein St. Die Kinder tragen auf der Folie die beiden Wortanfänge ein.
Auftrag: Schau alle Bilder und Wörter noch einmal genau an!
→ Es fehlen überall die Sp und St.
Einzelarbeit
Auftrag: Schreibe alle Wörter vollständig auf deinen Block! Ordne dabei die Wörter nach Sp/sp und St/st!
Kontrolle: Die Kinder lesen die Wortgruppen vor und tragen dann die fehlenden Buchstaben auf der Folie ein.
Sprachbetrachtung
Impuls: Wenn du vorliest, höre ich ein Sch, ich kann aber keines sehen.
→ Man spricht Schp und Scht, aber man schreibt Sp und St.

Stummer Impuls: Der Lehrer deutet auf „Knospe" und „Ast".
→ In der Mitte des Wortes und am Ende spricht man, wie man schreibt.
Überschrift an der Folie:

> St, st und Sp, sp am Wortanfang
> sprechen wir anders als wir schreiben.

Aufträge: Lies die Wörter noch einmal deutlich vor! Lies sie dann einmal so, wie du sie geschrieben hast!
→ Das klingt komisch und ungewohnt.
Ausweitung
Auftrag: Suche und sprich noch mehr Wörter mit St und Sp!

3. Übung

a) *Einzelarbeit: Arbeitsblatt Aufgabe* ❶.
Kontrolle: Die Kinder lesen vor.
b) Der Lehrer zeigt die *Wortkarten:*
| Ziel | zeigen | Katzen | Zange | vier | kalt | Ball | Wurm |

Auftrag: Suche ein Reimwort zu meinem Wort! Es soll mit St/st oder Sp/sp beginnen. Ein Kind schreibt den passenden Wortanfang an die Tafel!
→ Spiel (Stiel), steigen, Spatzen, Stange (Spange), Stier, Spalt, Stall, Sturm

4. Festigung und Anwendung

Einzelarbeit: Arbeitsblatt Aufgaben ❷ *und* ❸

Name: _____ Datum: _____ KV 30

St, st und Sp, sp am Wortanfang

❶ Fahre nach: St, st am Wortanfang grün
Sp, sp am Wortanfang blau
st, sp in der Wortmitte gelb

Storch spielen Stoff Sommer raspeln steigen
Spule Spiegel schwimmen Stunde stolz
spritzen sprechen still Postbote stumm
Sessel rosten spazieren Wespe

❷ Schreibe Reimwörter mit St, st oder Sp, sp auf!

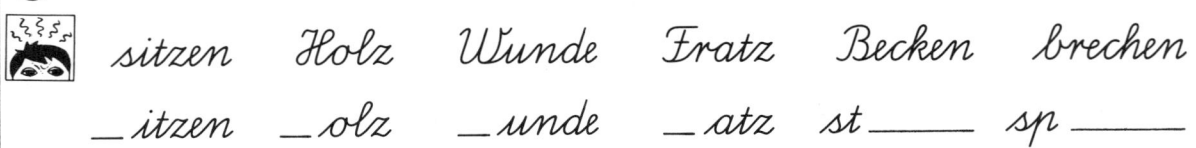

sitzen Holz Wunde Fratz Becken brechen
__itzen __olz __unde __atz st_____ sp_____

❸ Schreibe st oder sp in die Lücken! Male die Lösungsfelder mit
verschiedenen Farben aus!

__ielen	st ②	sp ①
__eigen	st ③	sp ④
__ellen	st ⑥	sp ⑧
__erren	st ⑨	sp ⑩
__ät	st ⑫	sp ⑪

66   © R. Oldenbourg Verlag GmbH, München / Prögel Praxis: Unterrichtsmaterial, Unterrichtsstunden: Deutsch für das 2. Schuljahr

Wir vergleichen ihm/im und ihn/in

Lernziel: Unterscheiden der Wörter von Inhalt und Aussprache her
Materialien: Wortkarten, Block, Arbeitsblatt Kopiervorlage 31
Voraussetzung: Üben der Nachschrift „Ein Haustier" (Heft 2, S. 14)

Unterrichtsverlauf

1. Unterscheiden der Wörter vom Inhalt her

Der Text „Ein Haustier" wird noch einmal gelesen.
Impuls: In der Geschichte sind zwei Wörter, die wir beim Schreiben leicht verwechseln können.
→ Die Wörter „ihm" und „im".
Die Wortkarten werden aufgehängt.
Das Wort ihn wird aufgehängt.
→ *Impuls:* Ich kenne ein ähnliches Wort.
→ Das Wort in wird aufgehängt.
Impuls: Über die Wörter „ihm" und „ihn" wissen wir schon etwas.
→ Diese Wörter ersetzen einen Namen *(Tafelanschrift)*.
Impuls: Die Wörter „in" und „im" sagen etwas ganz anderes.
→ Diese Wörter geben einen Ort an. *(Tafelanschrift)*

2. Unterscheiden der Wörter vom Sprechen her

Impuls: Die Wörter werden auch nicht gleich gesprochen.
→ Die Kinder sprechen die Wörter betont.

3. Übung im Sitzkreis

Die Kinder schreiben die vier Wörter jeweils groß auf ein Viertel eines Blockblattes und zerschneiden das Blatt. Der Lehrer sagt passende Sätze, die Kinder halten die entsprechende Wortkarte hoch.
Anwendung: Arbeitsblatt Nr. ❷ wird betont gelesen. Die Kinder bearbeiten dann das Arbeitsblatt.

Name: _____ Datum: _____ **KV 31**

Aufgepaßt!

1 ihm   im   ihn   in

Diese Wörter ersetzen einen Namen: _____

Diese Wörter geben einen Ort an: _____

2 Setze richtig ein!

Peter geht ☐ die Schule.

Er trifft Klaus und fragt ☐ etwas.

Jetzt ist er ☐ Klassenzimmer.

Susi gibt ☐ ein Buch.

☐ der Pause spielen die Kinder ☐ Hof.

Da kommt Klaus. Peter wirft ☐ den Ball zu.